EDGARDO MARTOLIO

GLÓRIA ROUBADA

O OUTRO LADO DAS COPAS

LOUCOS E DITADORES QUE MUDARAM A HISTÓRIA.
A INTERVENÇÃO POLÍTICO-MILITAR
NOS MUNDIAIS DE FUTEBOL

AVENTURAS NA HISTÓRIA

SportBuzz

EDIÇÃO ATUALIZADA E AUMENTADA

EDGARDO MARTOLIO

GLÓRIA ROUBADA

O OUTRO LADO DAS COPAS

LOUCOS E DITADORES QUE MUDARAM A HISTÓRIA.
A INTERVENÇÃO POLÍTICO-MILITAR
NOS MUNDIAIS DE FUTEBOL

AVENTURAS NA HISTÓRIA

SportBuzz

EDIÇÃO ATUALIZADA E AUMENTADA

Coordenação Editorial: Renato Scolamieri

Criação de capa: Pedro Mazzuchelli

Projeto Gráfico / Diagramação: Pedro Mazzuchelli

Revisão: 3GB Consulting

Texto de acordo com as normas do Novo Acordo Ortográfico da Língua Portuguesa (Decreto Legislativo nº 54, de 1995)

Dados Internacionais de Catalogação na Publicação (CIP)
(Câmara Brasileira do Livro, SP, Brasil)

Dados Internacionais de Catalogação na Publicação (CIP)
(Câmara Brasileira do Livro, SP, Brasil)

Martolio, Edgardo
Glória roubada : o outro lado das copas / Edgardo Martolio. -- 2. ed. -- São Paulo : Perfil Brasil Comunicações, 2022. -- (Aventuras na história)

ISBN 978-65-80901-23-4

1. Ditadura - Brasil - História - 1964-1985 2. Futebol 3. Futebol - Aspectos sociais 4. História do Brasil I. Título II. Série.

22-132634 CDD-981

Índices para catálogo sistemático:

1. História do Brasil 981

Aline Graziele Benitez - Bibliotecária - CRB-1/3129

Direitos cedidos para esta edição à
Editora Perfil.

Av Eusébio Matoso, 1375 - 5º andar - Bairro
CEP 05423-180 - São Paulo - SP
Tel. (11) 2197-2000
Visite nosso site: www.brasil.perfil.com

2022
Impresso por: Eskenazi

DEDICATÓRIA

Dedico este livro aos que souberam vencer sem dolo. Aos solidários. Aos que, podendo usar ajudas extraesportivas, preferiram a competição sadia. Aos íntegros, aos espíritos nobres que nenhuma circunstância dobrou. Aos austeros. Aos que tiveram coragem de ser eles mesmos. Aos destemidos. Aos livres, ainda que submetidos. Aos corretos. Aos que se distinguiram por ser dignos. Aos honestos. Aos que transmitiram o valor da lealdade. Aos cavalheiros. E a todos os derrotados que se retiraram de cabeça erguida.

Por fim, a todos aqueles que, sem compromisso político, subiram ao pódio dos Mundiais legitimamente.

Ao futebol!!!

Ao meu filho, Thomáz, e à minha esposa, Gabriela.

À memória de minha amada mãe, razão de minha existência; a meu inesquecível pai e à reminiscência de Ronnie, que me acompanhou enquanto escrevia estas páginas...

AGRADECIMENTOS

A Luis e José Roberto Maluf; sem eles este livro não existiria.
Á família Fontevecchia; sem eles não existiria esta minha história.

A Thomaz Souto Corrêa e Orlando Brito, pela minha "brasileirização".

A Renato Scolamieri, pela insistência.
A Elio Gaspari, pelas sugestões.

À família do genial Max Glücksmann, pelo pontapé inicial.[1]
A José Renato Sátiro Santiago, pela última revisão.

In memoriam: a Roberto Civita, pelos debates.

Aos Trabes, os Kazin, os Manes, os Chab, os Lunghi
e os Lauria, por estar.
Como estão Aninha e Victor.

À Macchi, por sempre; e à Wardi, por tudo.

(1): Explicado no texto final do livro, "(Sem) Comissão da Verdade".

CITAÇÃO

"A minha maior decepção
foi não ter conseguido uma solução
desportiva pacífica para o problema
político que envolve, há décadas,
a questão Israel-Palestina."

(2010 – JOÃO HAVELANGE, brasileiro, falecido em 2016
e presidente da FIFA entre junho de 1974 e junho de 1998;
foi ele quem incluiu mais países na órbita do futebol mundial
do que os registrados na própria ONU)

PRÓLOGO

A proximidade da realização da Copa do Mundo de Futebol no Brasil colocou a revista Rolling Stone diante de um grande desafio: como falar sobre esse esporte tão popular sem cair no lugar-comum da grande maioria dos órgãos de imprensa, cuja abordagem mais usual se limita à situação das obras dos estádios, infraestrutura e acessos, aeroportos e qual será o legado do evento. A preocupação era no sentido de falar do tema tão caro aos brasileiros sem perder a originalidade e o olhar crítico que caracterizam a linha editorial que consagrou a revista.

Era necessário encontrar um craque dotado de muito talento para realizar tal tarefa. Convidamos Edgardo Martolio, nome indiscutível para essa difícil missão. Ninguém melhor do que ele, hábil na arte do jornalismo, dono de uma prosa cativante, profundo conhecedor dos bastidores do esporte, um apaixonado pela História universal e de memória prodigiosa.

Aceito o convite, por meio de seus relatos, embarcamos numa viagem fantástica pelo mundo do futebol e tudo que o cerca, conhecendo os seus mais importantes personagens, dentro e fora dos gramados. Mensalmente foi publicado um texto em que as diferentes Copas e regimes ditatoriais tinham suas trajetórias entrelaçadas, sob uma ótica original e enriquecedora. Poucos obstáculos na história da humanidade foram tão intransponíveis quanto as ditaduras.

Mais que meras lembranças de grandes lances nos campos, são dramas e vidas acontecendo e evoluindo como em um romance.

O sucesso foi imediato. Os comentários chegaram em números bem acima do normal e se propagaram na internet com grande repercussão.

Este livro é o resultado da soma desse material já publicado e de novas histórias que vão reconstruindo os acontecimentos num texto preciso, em que quem ganha é o leitor.

José Roberto Hachich Maluf
Publisher Editora Spring

ÍNDICE

INTRODUÇÃO

BOLA DIVIDIDA: COPAS E BOTAS

A palavra ditadura define um regime de governo autoritário no qual todos os poderes do Estado (Legislativo, Executivo e Judiciário) se concentram num único indivíduo, ou num só grupo ideológico ou num despótico partido político. O ditador não é, necessariamente, fruto de um golpe militar que chega ao controle da nação derrocando um governo democrático. Em muitos casos, esse tirano ascende ao poder eleito pela população e, com o tempo, tenta se eternizar. O tirano não tolera oposição política a seus atos e ideias, e transforma sua autoridade em absoluta, suprema e irrevogável. Portanto, uma ditadura é um regime antidemocrático em que não existe a participação nem a voz do povo. A maioria dos ditadores atua demagogicamente e, principalmente no último século, tem usado o esporte, principalmente o futebol, para se congraçar com seus súditos.

Proveniente do latim "dictator", o termo ditador teve origem em 501 a.C. como um cargo político na República Romana. Era preenchido unicamente em condições excepcionais de crise militar ou econômica. Considerado uma magistratura extraordinária, fora do "cursus honorum" — curso honorífico ou caminho das honras —, dependia da eleição dos cônsules romanos que só podiam escolher o "dictator" se autorizados por um "senatus consultum" (Decreto Final do Senado). Nenhum deles podia se perpetuar no poder, já que seu prazo máximo de validade era de um semestre — tempo que duravam as guerras na Antiguidade. E o mais importante: seu conceito era parte da estrutura democrática e do espírito romano e, como definem os dicionários, não deve ser relacionado aos nefastos ditadores modernos.

Assim, as ditaduras não são uma invenção recente. A estreia aconteceu no século VII antes de Cristo, na Grécia Antiga, com o ateniense Drácon. Sua severidade ao punir crimes deu origem ao termo draconiano, que ainda hoje é utilizado para definir situações de extremo rigor. O registro continua em Atenas, no breve período dos Trinta Tiranos (entre 404-403 a.C.), e na Roma Antiga com Sula (81-79 a.C.), Júlio César (46-44 a.C.) e Cômodo (180-192 d.C.). Segundo a História, a ditadura seguinte ao nascimento de Cristo acontece no Império Bizantino, quando Justiniano assume o poder, entre 527 e 565. Até mesmo a França, símbolo da democracia atualmente, registrou períodos absolutistas: o de 1799, que vai até 1804, com a coroação de Napoleão Bonaparte, só termina em 1814, com sua renúncia.

Já no Novo Mundo, o primeiro antecedente de um governo despótico surge no México, em 1853-1855 — com a ditadura de Santa Anna. O país repete a experiência em 1876, com a revolução de Tuxtepece, e continua com Porfírio Diaz até alcançar o privilégio de ingressar no século XX em tais condições: o regime finalmente cai em 1910, com a Revolução Mexicana de Emiliano Zapata. A caribenha República Dominicana viveu uma ditadura de uma década, a partir de 1889 — ano em que, curiosamente, nascia a Primeira República no Brasil, hoje conhecida como República Velha, que durou até 1930, quando, por coincidência, disputou-se o primeiro Mundial. De lá para cá, a lista de ditadores que acompanha o maior torneio global de futebol supera a centena. A Oceania foi o único continente que não teve governos tirânicos nesse período.

Os Mundiais nasceram em 1930 porque o francês Jules Rimet, então presidente da FIFA (Fédération Internationale de Football Association), não se conformou com a decisão do Comitê Olímpico Internacional de excluir o futebol dos Jogos Olímpicos de Los Angeles, em 1932. Assim, criou seu próprio torneio, cuja primeira edição foi disputada no Uruguai, então último campeão olímpico de futebol — aliás, "bi": 1924 e 1928. A razão pela qual o

COI retirou o futebol de seu programa de eventos, naquela época, foi porque o profissionalismo havia desembarcado na maioria dos países. Precisava ficar "limpo", o que mais ou menos os Jogos Modernos conseguiram fazer até então. Mas o nascimento das antigas olimpíadas, nascidas muitos séculos antes de Cristo, sim, têm um condimento mais pertinente ao conteúdo deste livro: elas foram criadas em nome da paz. De fato, o termo "olimpíada" viu a luz em 776 a.C, quando Ifitos, rei de Ilia, fez uma "trégua sagrada" em toda a Grécia, duradoura entanto os Jogos eram realizados. Ele assinou um tratado com Licurgo, rei de Esparta, e Clistenes, rei da Pissa, no templo de Hera, em Olímpia... Naqueles dias, mesmo que inimigos se enfrentassem nas competições esportivas, a participação dos atletas era regida por um estritíssimo código de conduta, e qualquer infração era punida com o máximo rigor.

Daquele primeiro Mundial de 1930, foram 21 Copas até os nossos dias; a do Qatar (2022) será a vigésima segunda. É possível contar seus campeões nos dedos das mãos, foram apenas oito: cinco repúblicas europeias e três sul-americanas... A primeira nação submetida a uma regência totalitária a vencer uma "Coupe du Monde" — como o troféu se chamou originalmente, em francês — foi a Itália, em 1934, na sua própria casa, repetindo o feito em 1938, na França. Na época, Benito Mussolini dava as ordens na "bota" peninsular e também nos gramados: foi sob as suas ordens (mesmo) que a Seleção "Azzurra" ganhou o Mundial. O segundo país a se consagrar sob um regime ditatorial foi o Brasil, em 1970, durante o governo do general Emílio Garrastazu Médici. E o terceiro e último campeão com uniforme castrense foi a Argentina, em 1978, momento em que a Junta formada pelos militares Videla (Exército), Massera (Marinha) e Agosti (Aeronáutica) "reorganizava" o país. Para entender melhor isso tudo e cada ciclo, o leitor encontrará, ao longo desta obra, de modo cronológico e ordenado por décadas, todos os torneios ecumênicos de futebol e todas as ditaduras vigentes, no mapa-múndi.

AO LEITOR: nesta segunda e nova edição, corrigida, ampliada e atualizada, foi acrescentado um capítulo ("Duplo oximoro") e duas "Contrapartidas" ("O jogo da paz" e "Presidente Raúl Alfonsín").

CAPÍTULO I

O CRAQUE IMORTAL

Matthias Sindelar, o "Pelé do Danúbio"[1], foi um dos motivos pelos quais Adolf Hitler invadiu e anexou a Áustria, na antessala da Segunda Guerra Mundial. O Führer o queria jogando pela Alemanha nazista. O artilheiro preferiu a morte.

No dia 12 de março de 1938, apenas três meses antes do início da Copa do Mundo da França, as tropas nazistas de Adolf Hitler invadiram a Áustria para anexar o país à Alemanha. Em quatro semanas, transformaram a jovem república parlamentarista em mais uma província do implacável Terceiro Reich. Entre as muitas intenções dessa investida, Hitler tinha uma futebolística e bem curiosa: emular Benito Mussolini, o ditador italiano e agora aliado dele na Segunda Guerra Mundial, que, em 1934, conquistara o principal troféu do futebol mundial.

Mussolini contou com uma vantagem: a Copa de 1934 foi disputada em sua própria casa, na Itália. Pouco elegante e muito ameaçador, o Duce não teve grandes problemas em conseguir o que desejava, até porque montou uma grande seleção internacional (além dos italianos, que já eram craques, recrutou quatro argentinos vice-campeões mundiais em 1930 e um brasileiro, Filó). Hitler, por outro lado, não hospedava o torneio na Alemanha nem contava com uma grande equipe. Imitando Mussolini, decidiu reforçar o selecionado

(1): Pelé nasceu um ano após o assassinato do "Mozart do futebol", como era chamado (a Áustria não se classificou para a Copa no Brasil de 2014). O apelido de "Pelé do Danúbio" foi dado post-mortem, em 1958.

alemão com o melhor do que havia na Europa na década: os austríacos do chamado "Wunderteam" (na tradução, "equipe fantástica"). Assim, invadiu e anexou a Áustria e pensou ter solucionado tudo. Ou nem tanto.

Nascia então uma história comovente protagonizada pelo maior jogador austríaco da história e um dos melhores de todos os tempos, Matthias Sindelar. Apelidado "Paper Man" (homem de papel) ou "Der Papierene" (bailarino de papel), por sua leveza — media 1,75 m e pesava 63 kg —, Sindelar era letal com a bola nos pés e parecia voar em campo, exibindo movimentos ágeis e elegantes. Ao contrário de outros de seus companheiros, ele se recusou a ser alemão e rechaçou a ordem do Führer de defender a camisa da Seleção da Alemanha. Não há relato de maior coragem e respeitabilidade na história do futebol que a desse atacante pouco lembrado nos dias de hoje, que pagou com a vida a negativa de cumprir ordens do maior criminoso da história da humanidade.

"ANSCHLUSS": A ÁUSTRIA OCUPADA PELO TERCEIRO REICH

A Alemanha de Hitler anexou o país vizinho sem fazer esforços. "Anschluss" é como foi chamada a ocupação e anexação da Áustria pelo Terceiro Reich na Segunda Guerra Mundial, embora os Tratados de Versalhes e St. Germain proibissem tal união. Se a invasão nazista não aconteceu antes de 1938, foi porque a Itália de Mussolini ainda não era aliada da Alemanha, e protegia a Áustria, que não tinha uma força militar convincente. Hitler, nascido na cidade austríaca de Brannau, sempre se considerou alemão (em 1932, aos 43 anos, ele mudou oficialmente sua nacionalidade). A ocupação foi relativamente fácil, pois o próprio Hitler intimidou o então primeiro-ministro austríaco, Kurt Von Schuschnigg, em um encontro programado no refúgio nazista de Berchtesgaden, nos Alpes Bávaros. Hitler simplesmente explicou que naquele momento estaria "anexando a Áustria": "A Itália? Estou de completo acordo com Mussolini. A Inglaterra? Não moverá um dedo pela Áustria. A França? Poderia ter nos detido na Renânia, e então teríamos de nos retirar. Mas agora é muito tarde para a França. Dou-lhe, pela última vez, a oportunidade de chegar a um acordo, Herr Schuschnigg. Ou encontramos uma solução agora ou então os acontecimentos seguirão seu curso. Pense bem a respeito. Posso apenas esperar até esta tarde".

A ocupação durou sete anos, até 1945, quando um governo provisório austríaco foi estabelecido. A Áustria, no entanto, só recuperou todos os direitos institucionais e soberanos uma década mais tarde, em 1955.

De humilde família judia de origem tcheca, Matthias Sindelar nasceu em 1903, na pequena Kozlau, antiga Morávia, mas logo se mudou para Viena — então no Império Austro-Húngaro. Foi criado pela mãe, que o chama de Motzi, a quem ajudou trabalhando como serralheiro (com 14 anos, perdeu o pai na frente de batalha da Primeira Guerra Mundial). Habilidoso com a bola desde cedo, logo chamou a atenção do clube Hertha, e não demorou a defender as cores do mais bem cotado FK Austria Vienna.

O regime nazista tinha um grupo de especialistas observando a Seleção da Áustria desde a Copa de 1934, quando derrotou a França e a Hungria (só não conquistaram o título porque caíram diante da Itália na semifinal, em uma partida polêmica; curiosamente, nos Jogos Olímpicos de Berlim de 1936, a Itália voltou a vencer a Áustria, sem a presença de Sindelar e, também, em jogo duvidoso). Antes desse Mundial, o time austríaco viveu a melhor fase de sua história, goleando a Alemanha por 5x0 e 6x0, a Suíça por 6x0, a Escócia por 5x0 (primeira derrota escocesa para uma seleção de fora da Grã-Bretanha) e a grande rival Hungria por 8x2, com três tentos de Sindelar.

Logo, 72 horas após a invasão da Áustria, Hitler já havia solicitado que oito dos craques do "Wunderteam" se colocassem às ordens do treinador Sepp Herberger, a começar por Sindelar. A Seleção austríaca já se encontrava psicologicamente golpeada pela morte de seu grande treinador, Hugo Meisl, um ano antes, em 1937. Meisl é o treinador que declarou a famosa frase "prefiro jogar com dez a incluir um perna de pau". Mesmo assim, a Áustria era a principal candidata a vencer a terceira Copa do Mundo, para a qual já estava classificada.

Ao lado dos "Mágicos Magiares", como ficou famosa a Seleção da Hungria de Puskás, Kocsis, Hidegkuti e Czibor, os austríacos do "Wunderteam" constituíram a chamada "Escola do Danúbio". O nome foi dado porque ambas as seleções encarnavam um modo especial de jogar futebol, com técnica individual e tática de conjunto desconhecidas até então, e porque mostravam essa arte principalmente em gramados de Viena e Budapeste, capitais banhadas pelas águas do segundo maior rio da Europa, depois do Volga. Hitler nunca entendeu por que os atletas alemães não jogavam dessa maneira se o Danúbio nasce na Alemanha, na Floresta Negra, na união dos rios Brigach e Breg. Quase invencível, o "Wunderteam" sofreu apenas quatro derrotas em 54 partidas, até o regime nazista interromper bruscamente a trajetória vitoriosa.

Hitler resolveu celebrar a anexação da Áustria com uma disputa entre a Alemanha nazista e o "Wunderteam", que faria assim seu último jogo como tal — a partida foi marcada para menos de um mês após a invasão e dois meses antes da Copa de 1938, em 3 de abril. O Führer, obviamente, fazia questão de uma vitória alemã. Entretanto, Sindelar jogou brilhantemente, e chamou a atenção pelo exagero na comemoração de seu gol, o primeiro do jogo, celebrando-o de modo extravagante frente ao palco das autoridades nazistas e zombando dos militares presentes. Se para Hitler foi difícil assimilar a "traição" austríaca e a derrota por 2x0, foi impossível aceitar a provocação de um atleta de "raça inferior". Sindelar não sabia ainda, mas aquele seria seu último jogo oficial.

Joseph Goebbels, ministro da Propaganda nazista, disse a Sindelar que a ofensa seria esquecida se ele defendesse a Alemanha na Copa da França e o time germânico conquistasse o primeiro lugar. Imediatamente, o austríaco se recusou a jogar para os invasores, declarando-se "gravemente machucado", a tal ponto que anunciou oficialmente que estava se "aposentando do futebol de alta competência". Se no dia do jogo escreveu seu certificado de morte, com essa decisão Sindelar pra-

A POESIA QUE IMORTALIZOU O CRAQUE

Poeta, escritor e ensaísta austro-checo, Friedrich Torberg, que usava o pseudônimo Friedrich Ephraim Kantor, foi roteirista em Hollywood e jornalista da revista *Time*. Em seus anos de exílio, ele fez um poema especialmente dedicado a Sindelar, a quem admirava:

"Jogava futebol como ninguém/ Tinha graça e fantasia/ Tinha um toque fácil e alegre/ Sempre jogava e nunca lutava"

A última frase merece uma explicação: o autor não diz que Sindelar não lutava no sentido utilizado hoje no futebol ("lutar" equivale a correr, transpirar, jogar forte). O que Torberg ressalta é que o craque não precisava de força nem de outras artes que não apenas de seu talento para se sobressair no jogo. Distinguido pelo New York PENN-Club como um dos "dez grandes escritores antinazismo de língua alemã", Torberg morreu em 1979, em Viena.

ticamente perdeu as chances de ser perdoado. Um colega de equipe e membro sigiloso do Partido Nazista, cujo nome nunca foi confirmado, delatou Sindelar, revelando que se tratava de uma farsa dele para não se dobrar ante a Alemanha. Hitler, transformando o atleta rebelde literalmente em um bandido, decretou: “Sindelar não pode jogar futebol nem atravessar as fronteiras”. Em paralelo, o Führer demonstrou compreender a mensagem de Sindelar e de outros três jogadores (Josef Bican, Peter Platzer e Karl Zischek), convocando para o Mundial quatro dos oito austríacos — apenas os que “eram fiéis à cruz suástica”: Josef Stroh, Rudolf Raftl, Johann Mock e Franz Wagner. Outros, como o artilheiro Johann Horvath, foram considerados velhos para jogar um Mundial.

A vaga da Áustria não foi ocupada na Copa, que começou com um país a menos. A FIFA chegou a convidar a Inglaterra para substituí-la, mas os britânicos não aceitaram a proposta. Logo na estreia do torneio, a Alemanha, com os austríacos Stroh, Mock e o goleiro Raftl em campo, não conseguiu superar a Suíça ante mais de 20 mil espectadores (o jogo e a prorrogação terminaram em 1x1; no desempate, cinco dias depois, a Suíça ganhou por 4x2). Assim como a anterior, essa Copa foi disputada no sistema de “mata-mata”. Ou seja: a poderosa Alemanha de Hitler acabou eliminada de cara, logo no primeiro desafio.

ÁUSTRIA VS ALEMANHA NAS COPAS E “O JOGO DA VERGONHA”

A Áustria ainda não disputou nenhuma das Copas disputadas neste século. No total, participou de sete Mundiais. A primeira, em 1934, na Itália (ficou em 4º lugar com Sindelar em campo); depois, na Suíça, em 1954, teve sua melhor classificação, terceira; mais tarde, jogou os torneios de 1958, 1978, 1982, 1990 e 1998.

Mas, na Copa de 1982, na Espanha, enfrentou a Alemanha Ocidental no chamado “Jogo da Vergonha” ou, em língua alemão, “Nichtangriffspakt” que significa “Pacto de Não Agressão”. O triunfo alemão, 1x0, em Gijón, eliminou a Argélia no saldo de gols.

O outro antecedente entre ambas as seleções foi na Copa de 1978, na Argentina, onde os austríacos, apesar de já eliminados da Segunda Fase, derrotaram a Alemanha Ocidental, 3x2, no chamado “Milagre de Córdoba”, que impediu o Nationalelf de avançar para as Semifinais.

JOGOS E GOLS... A CARREIRA DE SINDELAR EM NÚMEROS

Entre 1926 e 1938, Matthias Sindelar jogou 44 vezes e anotou 27 gols pela Seleção da Áustria, acumulando 26 vitórias, 11 empates e 7 derrotas.

Nº	DATA	LOCAL	OCASIÃO	PLACAR	RIVAL	GOLS
1º	28/09/1926	Praga	Amistoso	2x1	Tchecoslováquia	1
2º	10/10/1926	Viena	Amistoso	7x1	Suíça	2
3º	07/11/1926	Viena	Amistoso	3x1	Suécia	1
4º	20/03/1927	Viena	Amistoso	1x2	Tchecoslováquia	0
5º	10/04/1927	Viena	Amistoso	6x0	Hungria	0
6º	06/05/1928	Viena	Amistoso	3x0	Iugoslávia	0
7º	28/10/1928	Viena	Copa Dr. Gerö*	2x0	Suíça	0
8º	23/03/1930	Praga	Amistoso	2x2	Tchecoslováquia	0
9º	16/05/1931	Viena	Amistoso	5x0	Escócia	1
10º	24/05/1931	Berlim	Amistoso	6x0	Alemanha	0
11º	14/09/1931	Viena	Amistoso	5x0	Alemanha	3
12º	04/10/1931	Budapeste	Copa Dr. Gerö*	2x2	Hungria	0
13º	29/11/1931	Basileia	Copa Dr. Gerö*	8x1	Suíça	1
14º	20/03/1932	Viena	Copa Dr. Gerö*	2x1	Itália	2
15º	24/04/1932	Viena	Amistoso	8x2	Hungria	3
16º	22/05/1932	Praga	Copa Dr. Gerö*	1x1	Tchecoslováquia	1
17º	17/07/1932	Estocolmo	Amistoso	4x3	Suécia	1
18º	02/10/1932	Budapeste	Amistoso	3x2	Hungria	0
19º	23/10/1932	Viena	Copa Dr. Gero*	3x1	Suíça	0
20º	07/12/1932	Londres	Amistoso	3x4	Inglaterra	1
21º	12/02/1933	Paris	Amistoso	4x0	França	1
22º	09/04/1933	Viena	Amistoso	1x2	Tchecoslováquia	0
23º	30/04/1933	Budapeste	Amistoso	1x1	Hungria	0
24º	11/06/1933	Viena	Amistoso	4x1	Bélgica	1
25º	17/09/1933	Praga	Amistoso	3x3	Tchecoslováquia	2
26º	01/10/1933	Viena	Amistoso	2x2	Hungria	0
27º	29/11/1933	Glasgow	Amistoso	2x2	Escócia	0
28º	10/12/1933	Amsterdam	Amistoso	1x0	Holanda	0
29º	15/04/1934	Viena	Amistoso	5x2	Hungria	0
30º	25/04/1934	Viena	Eliminatórias	6x1	Bulgária	1
31º	27/05/1934	Torino	Copa do Mundo	3x2	França	1
32º	31/05/1934	Bologna	Copa do Mundo	2x1	Hungria	0
33º	03/06/1934	Milan	Copa do Mundo	0x1	Itália	0
34º	23/09/1934	Viena	Copa Dr. Gerö*	2x2	Tchecoslováquia	0
35º	07/10/1934	Budapeste	Copa Dr. Gerö*	1x3	Hungria	0
36º	24/04/1935	Viena	Copa Dr. Gerö*	0x2	Itália	0
37º	06/05/1936	Viena	Amistoso	2x1	Inglaterra	0
38º	17/05/1936	Roma	Amistoso	2x2	Itália	0
39º	27/09/1936	Budapeste	Copa Dr. Gerö*	3x5	Hungria	2
40º	21/03/1937	Viena	Copa Dr. Gerö*	2x0	Itália	0
41º	09/05/1937	Viena	Amistoso	1x1	Escócia	0
42º	23/05/1937	Budapeste	Amistoso	2x2	Hungria	0
43º	19 /09/1937	Viena	Copa Dr. Gerö*	4x3	Suíça	1
44º	03/04/1938	Viena	Partida comemorativa	2x0	Alemanha	1

* Na época, a Copa Dr. Gerö foi uma espécie de torneio europeu de seleções, contando com apenas as dos cinco países mais fortes do continente, além da ilhada Inglaterra.

Os clubes em que Matthias Sindelar ganhou *status* de ídolo foram proibidos de atuar, alguns amigos do craque começaram a ser perseguidos e ele mesmo aceitou não mais jogar bola: abriu uma cafeteria, onde os nazistas lhe criavam problemas todas as semanas. Apesar disso, a raiva de Hitler só terminou de se expressar seis meses mais tarde: em 23 de janeiro de 1939, os bombeiros de Viena encontraram o corpo do craque ao lado da companheira dele, a italiana Camilla Castagnola, supostamente sufocados por um vazamento de gás. O “Pelé do Danúbio” tinha 35 anos.

De acordo com o relatório oficial, o casal cometeu suicídio, “por causa da pressão desumana que Sindelar sofreu da Gestapo”, segundo a imprensa local. Crônicas da época relatam que “na sede do clube FK Austria Vienna chegaram 15 mil telegramas de condolências, e o funeral foi assistido por 40 mil pessoas sob a ameaça da suástica”. Sindelar foi enterrado no mesmo cemitério vienense onde descansam os restos mortais de compositores como Brahms, Beethoven, Strauss e Schubert, com direito a discurso do presidente do clube, Michael Schwärs, com palavras que ainda hoje arrepiam: “Com Matthias Sindelar morre uma parte da Áustria”. Anos mais tarde, em um tributo lógico, a rua Laaerberg, onde o craque viveu e morreu, passou a se chamar Sindelarstrasse.

Sim, Hitler imortalizou Sindelar.

CONTRAPARTIDA I

CAROL II

REI DA ROMÊNIA...

O time da Romênia, que disputou por convite a primeira Copa do Mundo da história, realizada em 1930, não era precisamente um selecionado nacional. Não apenas porque o futebol do país era jovem quando comparado ao de outras nações — para se ter uma ideia, somente a partir da temporada de 1921/1922 aconteceu um precário torneio nacional. Ainda assim, regiões como a de Cernăuti — atualmente na Ucrânia — e Chisinău — hoje na Moldávia — não foram incluídas. Pasmem: a Seleção romena era formada por operários da petroleira britânica Anglo-Persian Oil Company, atual BP. Por que eles? É uma longa história. Mas conviver com os ingleses e conhecer as regras do futebol — além de praticá-lo com os chefes britânicos — estavam entre os motivos da escolha.

O problema é que a empresa não estava disposta a ceder seus trabalhadores por três meses — período necessário para viagens e torneio. Mas o rei Carol II — primeiro monarca romeno nascido em território próprio e fã de futebol desde o dia em que viu a primeira bola rolar na Escócia — se envolveu pessoalmente no assunto e confirmou à FIFA a presença da Seleção em Montevidéu. Carol II solicitou a intervenção de seu colega George V, rei do Reino Unido, da Comunidade Britânica e imperador da Índia, para que pressionasse a petroleira a emprestar uma dúzia e meia de seus homens na condição de "férias extraordinárias": o reino romeno pagaria seus salários. No fim das contas, viajaram apenas 15 futebolistas, o treinador, um assistente e o presidente da Federação.

...e sua ajuda aos "craques do petróleo" na copa de 1930

Carol Caraiman de Hohenzollern-Sigmaringen, com 37 anos na época, quarto rei da Romênia, era o filho mais velho de Fernando I e Maria de Edimburgo, o que explica sua paixão pelo futebol. Seu sangue meio escocês e suas passagens pela capital desse território calvinista da Grã-Bretanha o tinham impregnado com a nova paixão mundial. Além disso, até dias antes de ser coroado, ele viveu em Londres, no exílio, e todo final de semana assistia a jogos de futebol, única coisa que o distraía de suas amantes: a fama de *playboy* o levou várias vezes à capa dos tabloides ingleses.

A decisão de participar da Copa do Mundo foi a primeira que tomou como rei: em 8 de junho de 1930, a um mês e cinco dias do primeiro jogo. Em 1953, antes de morrer, no exílio, em Estoril, Portugal, disse que sua grande frustração foi não ter viajado ao Uruguai: "Só não fui porque estava assumindo o trono; um ano depois eu mesmo teria encabeçado a delegação e também teríamos participado com um time mais competitivo". Nesse primeiro Mundial, com sua seleção de operários petrolíferos, a Romênia se apresentou duas vezes: na estreia derrotou o Peru por 3x1, e, uma semana mais tarde, foi eliminada pelo anfitrião e posterior campeão, o Uruguai, por um acachapante placar de 4x0, todos os gols registrados no primeiro tempo, em apenas 35 minutos.

O rei Carol II conhecia bem os jogadores romenos que trabalhavam para a petroleira britânica porque, conforme mencionado, morava em

Londres. Por isso, ninguém se surpreendeu com o fato de ele mesmo entregar a lista de convocados para o presidente da Federação, o ex-jogador Constantin "Costel" Rădulescu, e também dar os nomes da equipe titular ao jovem treinador Octav Luchide, também escolhido por sua alteza, que mais era um preparador físico do que um técnico. Esse time ficou conhecido na Romênia como "os operários do Rei".

No dia 19 de junho, a delegação romena embarcou em Gênova, Itália, no navio Conte Verde. Logo, em Villefranche-sur-Mer, no mesmo barco, subiu a equipe da França e o presidente da FIFA, Jules Rimet, que carregava a estatueta dourada da Copa do Mundo. Já na escala de Barcelona, embarcou a Seleção da Bélgica. No dia 28 de junho, na penúltima parada, no Rio de Janeiro, completou-se a passagem com o time do Brasil, com exceção de Arakem Patuska, que embarcou no porto santista. Filho do presidente fundador do Santos FC, Patuska foi o único paulista a reforçar a seleção carioca que representaria o país. Finalmente, em 2 de julho, o Conte Verde aportou no cais de Montevidéu, apenas 14 dias após a sua partida. Das quatro participantes europeias, somente a Seleção da Iugoslávia viajou separadamente, no vapor Florida, um barco mais lento. As equipes europeias treinavam no convés do navio, quando o mar o permitia. "Eu teria treinado com eles", disse o entusiasmado Carol II. ●

OS NOMES, AS IDADES E AS POSIÇÕES DOS OPERÁRIOS DO PETRÓLEO

Samuel Zauber, o mais veterano, 29 anos, e Ion Lăpușneanu, 21, os goleiros; Adalbert Steiner, 23 anos, Rudolf Buerger, 21, Emerich Vogl, 25, e Iosif Czako, 23, todos eles zagueiros; Ladislau Raffinsky, 25 anos, Alfred Eisenbeisser, 22, e Corneliu Robe, 22, os meias; e Nicolae Kovács, 18 anos, o caçula, Rudolf Wetzer, 29, Stęfan Barbu, 22, Adalbert Desu, 21, Constantin Stanciu, 20, e Ilile Subaseanu, 24, os atacantes.

CAPÍTULO II

VENCER OU MORRER

Essa era a ordem que o ditador italiano Benito Mussolini passava por escrito, antes de cada partida, a seus craques. Como não confiava 100% em seus jogadores, nacionalizou quatro argentinos e um brasileiro. "Il Duce" em pessoa organizou a Copa da Itália em 1934, segundo Mundial da história, e escolheu o juiz da final. Assim sua "Azzurra" levou o título. Quatro anos mais tarde, em 1938, repetiu o feito na França "mostrando ao mundo a superioridade fascista".

Benito Mussolini, "Il Duce", ditador fascista que governou a Itália entre 1922 e 1945, foi provavelmente o primeiro mandatário a usar o futebol na implementação de políticas populares. Também foi o primeiro a enxergar a Copa do Mundo como propaganda para seu governo perante a comunidade internacional, que questionava seus métodos — obrigar os professores a vestir o uniforme fascista na sala de aula e exibir execuções sumárias de rivais ideológicos estavam entre eles. Essas práticas, de algum modo, foram levadas aos gramados para organizar e vencer o segundo Mundial da história. Por isso, o título italiano de 1934, como o conquistado em 1978 pela Argentina durante a ditadura do genocida Jorge Rafael Videla, não podem ser considerados com o mesmo peso e valor que os restantes, nos quais a política do medo não definiu partidas nem consagrou campeões.

Mussolini acreditava que, para se imortalizar, devia catequizar os jovens. E que a melhor ferramenta para isso era o esporte, principalmente o futebol, que já era praticado havia três décadas e que tinha como símbolo máximo a Seleção "Azzurra". Seu primeiro passo nesse sentido aconteceu em 1926, quando redigiu a carta que lhe outorgou "o controle do futebol no país": Mussolini passou a indicar os presidentes da Federação Italiana, a estruturar os torneios, e, logo, profissionalizou o futebol, transformando-o em objeto de desejo da garotada. Giovinezza — Juventude —, o hino fascista, além de ser uma importante aproximação com os jovens e o esporte, é uma bela amostra do sentimento que o déspota queria transmitir. Em resumo, Mussolini acreditava que na ação forte — violenta, se necessária — da juventude estava o futuro da Itália, do fascismo e dele próprio. E o futebol ajudaria nisso.

"Com a disciplina do esporte podemos educar os jovens para construir seu caráter e conseguir um melhor cumprimento dos deveres cidadãos", disse Mussolini, que, em paralelo, enxergava no cinema outro vínculo entre o povo e o fascismo. "O cinema será nossa arma mais forte", dizia às vezes. O fascismo — nascido uma década antes do nazismo — também foi o primeiro movimento a projetar as mulheres no cenário nacional. Assim, Mussolini influenciou a moda para captar a atenção do público feminino, por isso não é de se estranhar que as mulheres italianas oferecessem tanto apoio passivo ao regime fascista... Futebol para os homens, cinema para a família e moda para as mulheres parecem ter sido pilares importantes para encantar uma Itália que rapidamente ficou rendida a seus pés. Todos os regimes totalitários doutrinaram muito bem seus súditos com suportes propagandísticos atrativos, mas Mussolini foi um precursor na era moderna. E, entre todos esses atrativos, o futebol sempre foi a ferramenta campeã dos regimes não democráticos, sejam de direita ou de esquerda.

A primeira manifestação importante de Mussolini para se aliar ao futebol foi sua luta para que a Itália sediasse a primeira Copa do Mundo. Mas, nos anos 1930, o Uruguai era o país ideal, pelos títulos olímpicos obtidos em 1924 e 1928 e pela qualidade de seu jogo. "Il Duce" ficou bravo e não enviou sua

Seleção para o Mundial inaugural, em Montevidéu. Só mandou uma minidelegação de três olheiros para aprender o jeito de fazer o torneio e recrutar "oriundi": começava seu grande plano vencedor da segunda Copa.

A vitória uruguaia em 1930 o animou mais ainda: "Se os uruguaios foram campeões na sua terra, nós também o seremos na nossa; ser anfitrião é o melhor seguro para garantir o triunfo", foi seu pensamento imediato. Colocou na cabeça que a Itália devia organizar o segundo Mundial, o primeiro a ser disputado na Europa, sim ou sim, a qualquer preço. No Congresso da FIFA de 1932, em Estocolmo, primeiro dissuadiu os suecos, que desejavam organizar o torneio, e, numa tarefa mais árdua, convenceu a França, então sede da FIFA – que se muda para a Suíça nesse mesmo ano — e lar de seu presidente, Jules Rimet, de entregar essa honra para a Itália. Aliás, nesse momento, de algum modo, ficou decretado que a terceira Copa voltaria a ser jogada na Europa e que ninguém a tiraria da França. O fato de a Europa organizar duas Copas seguidas gerou inúmeros boicotes e controvérsias entre sul-americanos e europeus durante mais de vinte anos.

Uma vez conseguida a sede, Mussolini encarregou Giorgio Vaccaro —presidente da Federação Italiana de Futebol e também secretário-geral do Comitê Olímpico Italiano, primeiro presidente da Federação de Rugby do país, "Consigliere Nazionale della Corporazione-Spettacolo" e da "Federazione Italiana Scherma" (esgrima) e presidente do "Circolo Canottieri Aniene" (remeiros romanos) — da maior missão não bélica do momento: organizar a Copa. Não, isso já estava resolvido. A verdadeira missão era ganhá-la ou ganhá-la, sem opções. "Sua responsabilidade, Vaccaro, é o título mundial; não sei como você vai fazer isso, mas vencer é uma ordem, não é um pedido", disse Mussolini para o piemontês "luogotenente generale della Milizia Fascista" (grau correspondente a general de divisão no Exército). Vaccaro foi o homem que tornou "Il Duce" torcedor fanático do clube Lazio, o mais antigo da capital e que ele presidiu em duas temporadas, quando Mussolini já tinha sido morto. Foi Vaccaro, e não "Il Duce", quem, na abertura da Copa, disse: "O objetivo final será mostrar ao mundo o ideal fascista do esporte".

A Seleção italiana, finalmente campeã em 1934, começou a ser montada quatro anos antes, no próprio Mundial de 1930, quando os olheiros de Mussolini escreveram a lista definitiva dos melhores "oriundi" — filhos de italianos nascidos na América — a serem "devolvidos ricos e vitoriosos" para a terra de seus ancestrais. A atração pelos sul-americanos era por causa de alguns que

O PARTICULAR BENITO AMILCARE ANDREA MUSSOLINI

Se eu avançar, sigam-me, se eu retroceder, matem-me, se eu morrer, vinguem-me", é uma das frases mais conhecidas de Benito Mussolini, um jornalista de esquerda, depois militar, sempre político e finalmente ditador italiano de direita. Nasceu em Dovia di Predapio, em 29 de julho de 1883. Depois de ser expulso do partido socialista, foi fundador do fascismo italiano, em 1921 (Partido Nacional Fascista), regime totalitário que vigorou no país entre 1922 e 1945, quando ele governou a Itália perseguindo e executando oposicionistas políticos. Também procurou o expansionismo territorial, difundiu o nacionalismo e lutou contra o socialismo. Confundiu muitas de suas bandeiras com as nazistas de Hitler, na Alemanha, com quem estabeleceu o "Pacto de Aço", em 1939, que levou a Itália, junto com a Alemanha e o Japão, à derrota na Segunda Guerra Mundial. Foi morto na cidade de Giulino di Mezzegra em 28 de abril de 1945, após ser capturado por aqueles que perseguia, quando para eles dizia: "A liberdade é um cadáver putrefato". Tinha 61 anos, e seu corpo inerte ficou pendurado pelos pés para exibição pública.

Passagens importantes de sua vida são, entre muitas outras, a de 1902, quando foi morar na Suíça, fugindo do serviço militar — igual aos craques "oriundi" que ele quis enviar para a guerra na Abissínia —, mas suas atividades esquerdistas acabaram expulsando-o do país. E a de 1922, quando organizou a famosa Marcha sobre Roma e, com o apoio do rei Vítor Emanuel III, passou a organizar o gabinete governamental.

Seus cargos no governo italiano foram: Primeiro Marechal do Império, entre os anos de 1938 e 1943; primeiro-ministro da Itália de 1922 a 1943; e Duce — chefe, guia — da República Social da Itália entre 1943 e 1945. Nesse período escreveu várias obras, como *La mia vita*, *La filosofia della forza* (inspirada em Nietzsche), *Giovanni Huss, il veridico* (biografia do reformista eclesiástico Jan Hus), *Il Trentino veduto da un socialista* e *L'amante del Cardinale* (romance histórico), em que deixou impressos pensamentos como "Não é difícil governar a Itália. É inútil" e também "A poltrona e as pantufas são a ruína do homem".

A mãe, Rosa Maltoni, era a única crente da família e batizou o filho com três nomes: Benito Amilcare Andrea, escolhidos pelo marido, Alessandro, um anarquista da ala socialista, que quis honrar a memória de Benito Juárez, líder revolucionário e ex-presidente do México; a história de Amilcare Cipriani, patriota italiano e socialista como ele; e a memória de Andrea Costa Imola, líder do socialismo italiano.

já tinham migrado do Novo para o Velho Mundo e estavam mostrando aos italianos que jogavam bola bem melhor do que os europeus. Especialmente os argentinos Raimundo "Mumo" Orsi, que, após o vice-campeonato nos Jogos Olímpicos de 1928, ficou na Itália para defender a Juventus, de Turim, estreando na "Azzurra" em 1929; Renato Cesarini, que tinha emigrado em 1929 também para a Juventus, onde foi cinco vezes campeão em seis temporadas — atuou 13 vezes pela Seleção italiana, até 1934; e Julio Libonatti, o primeiro sul-americano adquirido pela Europa, em 1925, pelo Torino: entre 1927 e 1932, atuou 17 vezes pela Itália, marcando 15 gols.

Esses três argentinos inspiraram Mussolini a resgatar outros sul-americanos no outro lado do Atlântico. A lista final contemplava sete "oriundi" da Argentina: Guillermo Stábile, Luis Monti, Ángel Bossio, Juan Botasso, Francisco Varallo, Alejandro Scopelli e Attilio Demaría; e cinco "oriundi" do Uruguai campeão: Héctor Scarone, Pedro Petrone, Juan Carlos Corazzo, Ernesto Mascheroni e José Nasazzi.

O argentino Raimundo Orsi "fez a cabeça" de seus patrícios dizendo-lhes que jogar na Itália era mais vantajoso do que na América porque se ganhava muito dinheiro. O primeiro a aceitar o convite foi o capitão Luis Monti, que jogou na Juventus de Orsi. Monti tinha uma grande ascendência sobre os demais craques argentinos e foi quem, finalmente, convenceu seus colegas, também filhos de italianos.

O artilheiro da primeira Copa, Guillermo Stábile, foi o segundo cotado: incorporou-se ao Gênova em 1930. Em 1931, Attilio Demaría foi para a Inter de Milão, então chamada Ambrosiana. Só em 1933 viajaram os atacantes Alejandro Scopelli e Enrique Guaita, ambos para a AS Roma, o rival da Lazio de Mussolini (atenção a esse dado). Os goleiros Ángel Bossio e Juan Botasso e o goleador Francisco Varallo logo disseram que não pretendiam deixar a América. Daqueles que emigraram, Stábile sofreu várias lesões que o impediram de estrear na Seleção italiana, e Scopelli não conseguiu deslocar o principal astro do futebol local, Giuseppe Meazza, assim, só defendeu as cores da "Azzurra" após a Copa. Os outros se destacaram, especialmente Guaita, Demaría e Monti. Dos que já estavam lá,

Libonatti tinha envelhecido demais, Cesarini foi cortado na última hora — retornou para a Argentina — e Orsi transformou-se em peça-chave do time liderado por Vittorio Pozzo, único técnico bicampeão do mundo da história.

Dos uruguaios, José Nasazzi e Juan Carlos Corazzo — que não disputou a Copa de 1930 por causa de um joelho machucado — negaram-se a abandonar sua terra. Mas, em 1931, Héctor Scarone foi para a Fiorentina, acompanhado na sequência por Pedro Petrone. E, numa segunda safra, a de 1934, já muito em cima da hora para jogar a Copa, mudaram-se Ernesto Mascheroni e Roberto Porta, os dois para a Inter-Ambrosiana. Só Porta defende a "Azzurra", mas em 1935. Praticamente todos eles demoraram a se adaptar, e nenhum uruguaio foi convocado para a Seleção que disputou o Mundial de 1934. Petrone, inclusive, voltou para o Uruguai antes, em 1933.

"ORIUNDI"

O termo é um substantivo italiano que descreve um imigrante de ascendência nativa. Ele vem do verbo latino oriri (nasceu), e está relacionado com o Oriente.

Na Itália fascista, qualquer filho de italianos tinha dupla cidadania de forma automática e não precisava se submeter à naturalização. Isso funcionou no futebol até 1966, quando nenhum novo estrangeiro foi admitido na Liga italiana, devido aos resultados ruins — especialmente a derrota para a Coreia do Norte e a correspondente eliminação na primeira fase na Copa da Inglaterra. "Os forasteiros não deixam crescer nossos próprios craques", disseram na época. A proibição foi relaxada em 1980, quando se permitiu um estrangeiro por equipe na Série A. Na Itália campeã mundial de 2006, voltou a atuar um "oriundo" argentino: Mauro Camoranesi. Os ítalo/norte-americanos que eram "devolvidos" para Itália nos anos 1920 e 1930 ficaram conhecidos como "rimpatriati".

Naquela época, entre argentinos e uruguaios, surgiu o primeiro ítalo-brasileiro a fazer história na Europa: Anfilógino Guarisi Marques, mais conhecido como Filó, que no fim de 1931 deixou o Corinthians e foi para a Lazio, o time de "Il Duce". O paulista deu muito certo e já em 1932 estreou na Seleção, onde oscilou, mas acabou sendo chamado para o Mundial. Os "oriundi" recebiam automaticamente a cidadania italiana, por direito de sangue, e no dia seguinte já eram convocados para a equipe nacional. Assim, na Copa, quatro argentinos e um brasileiro defenderam o primeiro campeão do mundo europeu da história: Monti, Guaita, Orsi, Demaría e Filó.

O portenho Luis Monti, que em seu país ganhava apenas por jogo disputado com bônus por vitória — o futebol argentino se profissionalizou em meados de 1931, para evitar perder mais craques para os times europeus —, assinou um contrato tentador com a Juventus: US$ 5.000 de salário mensal, mais casa e carro. Os outros craques também conseguiram bons contratos, mas menos generosos do que o rubricado pelo grande capitão Monti. Quando as cifras transcenderam na Itália, não faltaram críticas, rebatidas pelo treinador Vittorio Pozzo com a justificativa de que a transferência de estrangeiros, convenientemente nacionalizados pelo governo fascista, serviria não apenas para ganhar a Copa do Mundo, como também para defender a pátria se fosse necessário: "Se eles podem morrer pela Itália, também podem jogar para a Itália, ganhar e ser campeões". Isso, que nesse momento pareceu apenas uma bravata do técnico, terminou se transformando em realidade. Mas a história é longa...

Parte da estratégia de Mussolini e Vaccaro era — além de reforçar a sua Seleção — enfraquecer os selecionados uruguaio e argentino, as principais potências daquela época. De fato conseguiu seu propósito, porque o Uruguai, campeão vigente, desistiu de competir. Oficialmente, disse dar o troco à Itália por esta não ter se apresentado em Montevidéu em 1930, mas também porque considerava um jogo sujo esse de dizimar as seleções sul-americanas com a justificativa dos "oriundi". Já na Argentina (como sempre), um conflito interno dividiu o futebol em duas Federações: de um lado, os grandes clubes — Boca Juniors, River Plate, Racing, Independiente, San Lorenzo, etc. — jogando o torneio profissional, e, do outro lado, os pequenos clubes — a maioria deles nem existe mais — disputando a liga amadora. Estes se mantiveram afiliados à FIFA, por isso a equipe enviada à Itália era muito fraca — e também porque não contou com nenhum dos craques que depois atuaram pela Itália, já que todos eram de clubes que viraram profissionais no momento de suas transferências.

O Brasil, terceiro no ranking sul-americano da época, viveu uma situação semelhante. Havia a discussão entre a Confederação Brasileira de Desportos (CBD), a favor de continuar o amadorismo, e a Federação Brasileira de Futebol (FBF), que defendia a profissionalização. Assim, e pela segunda vez, o Brasil mandou uma equipe incompleta comandada pelo treinador Luiz Vinhaes, campeão carioca pelo São Cristóvão nessa temporada. O Botafogo do Rio de Janeiro foi a base do time, e a consequência não tardou: foi a pior campanha em Mundiais da Seleção brasileira.

A cúpula fascista estava feliz porque, além disso, a segunda Copa tinha um formato diferente, de "mata-mata", que impedia acordos entre os outros países para eliminar a Itália. Pela primeira vez, o Mundial decidiria cada instância num único jogo, com prorrogação de 30 minutos e uma segunda partida se persistisse o empate. Pênaltis, só em último caso. Também foi a primeira Copa com eliminatórias, que incluiu também o país organizador, a Itália — novidade que irritou Mussolini e que nunca mais se repetiu. Mas a eliminatória foi fácil. No estádio San Siro de Milão, a "Azzurra" derrotou a Grécia por 4x0 e classificou-se para sua própria Copa — seria possível se disputar um Mundial sem o país anfitrião participando dele? O sorteio também foi esquisito, porque a Itália de "Il Duce" enfrentou, de cara, os Estados Unidos, que só decidiram participar em cima da hora. Tão em

"GIOVINEZZA"

A palavra significa juventude. Em 1909, virou tema da canção dos universitários de Turim, mas, adaptada, virou hino do partido fascista de Mussolini, entre 1924 e 1943. Em 14 de maio de 1931, o grande maestro Arturo Toscanini se recusou a tocá-lo antes de um concerto no Teatro Comunale de Bolonha: foi insultado por um grupo de fascistas e levou um soco de um deles. Seu autor, Nino Oxilia, morreu na Primeira Guerra Mundial, vitimado pelas lascas de uma granada (a música pertence a Giuseppe Blanc). E sua letra original, em italiano, é:

I - Salve o popolo di eroi / Salve o Patria immortale / Son rinati i figli tuoi / Con la fede e l'ideale / Il valor dei tuoi guerrieri, / La virtù dei pionieri / La vision dell'Alighieri / Oggi brilla in tutti i cuor. Coro: Giovinezza, Giovinezza, / Primavera di belleza / Per la vita, nell'asprezza / Il tuo canto squilla e va! (bis) / E per Benito Mussolini, / Eja eja alalà. / E per la nostra Patria bella, / Eja eja alalà.

II - Dell'Italia nei confini / Son rifatti gli italiani; / Li ha rifatti Mussolini / Per la guerra di domani. / Per la gloria del lavoro / Per la pace e per l'alloro, / Per la gogna di coloro / Che la patria rinnegan.

Repete o coro.

IIII - Poeti e gli artigianil signori e i contadini / Con orgoglio di italiani / Giuran fede a Mussolini. / Non v'è povero quartiere / Che non mandi le sue schiere / Che non spieghi le bandiere / Del fascismo redentor.

Termina repetindo novamente o coro. ▶

cima da hora que o jogo eliminatório foi realizado em Roma, poucos dias antes do início da Copa! Os americanos venceram, mas, uma semana depois, na primeira partida do "mata-mata", arrumaram as malas após a derrota de 7x1 para os italianos.

Mussolini obrigou Vaccaro a fazer a maior propaganda política em via pública como nenhum outro Mundial teve. Um mês antes do evento, todas as cidades italianas, não apenas as sedes, amanheceram cobertas de cartazes anunciando a Copa. Claro que as peças não eram inocentes: mostravam jovens atletas fazendo a clássica saudação fascista, isto é, com o braço reto para cima e um pouco para a frente. Já nas partidas, quase todos os espectadores eram afiliados ao partido fascista, e eles pouco motivavam os craques: passavam o jogo inteiro gritando "Itália, Duce!". Nas apresentações da "Azzurra", Mussolini dava a ordem de início da partida — após obrigar a todos, inclusive os árbitros, a fazer a saudação fascista no meio do campo. Mussolini abusava, já que na época não existia a televisão, também não havia patrocinadores, e a FIFA era um bebê de colo se comparada com seu marketing e exigências atuais.

TRADUÇÃO DE 'GIOVINEZZA' (JUVENTUDE)

I - Salve, ó povo de heróis / Salve, ó país imortal / vossos filhos renascem / com fé e um ideal / O valor de seus guerreiros, / A virtude de seus pioneiros / a visão de Alighieri / Hoje brilha em cada coração. Refrão: Juventude, Juventude / Primavera de beleza / Na dureza da vida / Sua canção ecoa e vai! / Por Benito Mussolini, / Eja eja alala! / Para a nossa bela pátria, / Eja eja alala!

II - Desde os confins da Itália / foram refeitos os italianos, / Mussolini os refez / Para a guerra de amanhã / para a glória dos trabalhadores / Para a paz e o louro, / pelo anel daqueles / Que o país renegou.

Refrão.

III - Poetas e artesãos / Os senhores e os camponeses / orgulhosamente italianos / juram fidelidade a Mussolini / Não há nenhum bairro pobre / que não envie a sua esquadra / que não estenda sua bandeira / Do fascismo redentor.

Repete mais uma vez o refrão.

Nota: Giovinezza, antes da adaptação fascista, também foi cantada pelo Regio Esercito junto da Marcia Reale do Reino da Itália e foi oficial durante a República de Salò[1]; o Reggimento Alpini a converteu em seu hino na campanha na Líbia.

[1] A República de Salò, também conhecida como República Social Italiana, foi o nome dado pelo governo fascista de Mussolini ao território do norte do país que, em setembro de 1943, não foi ocupado pelos Aliados na Segunda Guerra Mundial, e continuou controlado pelos nazistas até maio de 1945.

Fora o treino militar a que eram submetidos fisicamente, os craques italianos (inclusive os "oriundi") ainda tiveram que suportar "certa" contribuição psicológico-castrense de Mussolini. Antes de cada partida, "Il Duce" escrevia, de próprio punho, um bilhete para cada atleta e membro da comissão técnica, com as mesmas três palavras: "Vitória ou morte", que era um *slogan* fascista. A mensagem, que podia ter muitas interpretações simbólicas, subliminares e metafóricas, nesse caso era direta, sem parábolas nem eufemismos: era vitória ou morte mesmo. Criou-se um absurdo clima de intimidação dentro e fora dos vestiários. Não era qualquer craque que podia jogar tranquilo com tamanha ameaça, conhecendo quem a assinava. Por isso, aqueles campeões foram mais do que simples atletas bem-sucedidos, foram heróis no verdadeiro sentido da palavra. Sua missão ultrapassava o limite esportivo, tinham que vencer no campo e projetar o fascismo para o mundo. A derrota era inaudita. Luis Monti sentenciou anos mais tarde: "Meu destino é incompreensível; na Copa de 1930, os uruguaios queriam me matar se ganhasse, e na Copa de 1934, Mussolini queria me matar se perdesse".

"DUCE", A ORIGEM

Duce (pronuncia-se dutche) é uma palavra italiana que significa líder, guia derivada do latim *dux*, que tem o mesmo sentido. Dela surge o título de nobreza duc (duque). Mas o título não foi "uma sacada" de Mussolini. Ele foi usado por seu contemporâneo, o rei Vítor Emanuel III — Duce Supremo —, em 1915, durante a Primeira Guerra Mundial, e também pelo poeta e político Gabriele d'Annunzio quando autoproclamado presidente fascista do estado fantoche chamado Regência Italiana de Carnaro, em 1923, no nordeste da "bota". Antes, Giuseppe Garibaldi o tinha usado algumas vezes.

Mas foi Benito Mussolini que o impôs internacionalmente; ele o tornou o patronímico oficial para referir-se a sua pessoa. Duce em italiano equivale ao Der Führer que imortalizou Adolf Hitler na Alemanha nazista, ao El Caudillo como fez se chamar outro ditador, Francisco Franco, na Espanha, também na mesma época, e se compara ainda ao Conducător que usou Ion Antonescu na Romênia (mais tarde herdado por Nicolae Ceaușescu) e ao Poglavnik empregado por Ante Pavelic no Estado Independente da Croácia.

Outros líderes italianos cujos nomes derivam de dux são os Doges de Veneza e Gênova.

Em seu camarote, observando-os jogo a jogo, Mussolini aparecia acompanhado por líderes do regime e só se deixava fotografar abraçado pelos "*camicie nere*" (camisas pretas, os uniformizados da milícia fascista). Sim, foi a primeira

Copa politizada e extravagante que o mundo viu. Enquanto a Itália despachava os Estados Unidos, os outros dois representantes deste lado do planeta também caíam: o time amador da Argentina, diante da Suécia (2x3), e o improvisado Brasil contra uma Espanha (1x3) que poderia ter sido campeã se não fosse pelo que a Itália fez com ela na fase seguinte. Durante o jogo contra o Brasil, o "Divino" Zamora, da Espanha, se tornou o primeiro goleiro a parar uma penalidade máxima na história dos Mundiais, ao defender o chute de Leônidas. Assim, oito seleções das quartas de final eram todas da Europa. E o jogo mais aguardado foi o da Itália e Espanha, no estádio Giuseppe Berta, de Florença, com a presença de 43.000 fascistas ansiosos para ver a vitória

"AZZURRA", O APELIDO DA SELEÇÃO DA ITÁLIA

No primeiro jogo da Seleção italiana, em 1910, o time vestiu camisa branca, com uma fita tricolor (vermelho, branco e verde) presa no punho. Conta a lenda que assim era o uniforme do melhor time da época, o Pro-Vercelli, e a Seleção quis lhe render uma homenagem. Outra versão diz que, após uma longa discussão, em que uns queriam o vermelho, outros verde, sem chegar a acordo nenhum, alguém propôs o branco, por ser neutro.

Em 6 de janeiro de 1911, na Arena de Milão, contra a Seleção da Hungria, a Seleção italiana usou pela primeira vez a cor azul. Por quê? Há várias versões: uma delas diz que foi tomada das cores da Assembleia Nacional francesa, a casa da FIFA na época. Outra, que veio da cor do mar italiano. Uma terceira aponta que, devido à forte nevasca daquele dia, foi preciso escolher uma cor alternativa — já que o branco literalmente faria desaparecer os jogadores italianos em campo —, e que a escolha recaiu casualmente no azul.

Mas, na verdade, parece que o azul foi escolhido em homenagem à Casa di Savoia, família que esteve no poder desde 1360. Uma prova disso é que, no lado esquerdo das camisas azuis, foi costurada a cruz de Savoia (branca sobre fundo vermelho). Mas o azul levou anos para se impor oficialmente porque, por exemplo, nos Jogos Olímpicos de 1912, em Estocolmo, a Itália atuou de camisa branca, e assim foi alternando uma e outra. Somente a partir dos Jogos de Los Angeles, em 1932, o azul ficou regulamentado para sempre, apesar de não ter futebol nesses jogos.

Desde 1927, no uniforme italiano de todos os esportes, aparecia bordado "il fascio littorio", símbolo do regime fascista, ao lado do brasão real. Também, em alguns jogos de 1935, na Olimpíada de 1936 e nas duas primeiras partidas do Mundial de 1938, por ordem de Mussolini, a Itália atuou com um uniforme totalmente preto. Após a Segunda Guerra Mundial, conserva-se a cor azul, mas são eliminados a cruz de Savoia e o escudo fascista, colocando-se em seu lugar um tricolor com as cores da República.

italiana “em uma partida que acabaria sendo batizada ‘A Batalha de Florença’, porque foi mais uma guerra do que um jogo de futebol”, segundo a imprensa.

A Espanha teve sete craques “feridos” (nas guerras não há lesionados), e ainda assim conseguiu um empate em 1x1, obrigando à disputa do segundo, regulamentar e decisivo jogo. Os espanhóis foram técnica e psicologicamente superiores, porque não escutaram as arquibancadas, que só entoavam o *slogan* fascista “Vitória ou morte”, atemorizando o juiz belga Louis Andre Baert, que insolitamente não expulsou nenhum italiano. Tamanha era a influência de “Il Duce” que o criador das Copas, o francês Jules Rimet, presente no estádio, escreveu em seu livro “L’histoire Merveilleuse de la Coupe du Monde” que a partida simplesmente “foi espetacular, dramática”, ignorando a ilegalidade do gol italiano: Ferrari marcou seu tento enquanto o atacante Schiavio segurava o meta Zamora de modo evidente, brusco e infantil. Sim, esse foi o primeiro e indiscutível grande roubo nas Copas.

O jogo de desempate, apenas 24 horas mais tarde, no mesmo estádio, começou com o resultado decidido. A Espanha não pôde contar com seis

ETIMOLOGIA E SIGNIFICADO DE “FASCISMO”

Fascismo é a palavra derivada de *fascio* (aliança ou federação), que descreve o regime autoritário criado na Itália por Benito Mussolini em 23 de março de 1919. No início, definia as unidades de combate (*fasci di combattimento*); a partir de 1921, o ideal do partido Nacional e, finalmente, o governo que durou até o fim da Segunda Guerra Mundial.

O fascismo foi usado para definir a doutrina autoritária, anticomunista e antiparlamentar que defendia a exclusiva autossuficiência do Estado. Suas razões, superiores ao direito e à moral, legitimavam o uso recorrente das forças social-revolucionárias. Diferencia-se das ditaduras militares porque o seu poder está fundamentado em organizações de massa (provenientes da classe operária e da pequena burguesia rural e urbana) e tem uma autoridade única que dita as regras e impõe a disciplina. O fascismo aceita o capital sempre que acate essas normas e se submeta a sua disciplina. É um movimento antidemocrático, antiliberal e antissocialista.

Hoje não existe mais. A 12ª disposição da Constituição italiana refere-se à Carta Magna, de 1948, que proíbe “a reorganização, sob qualquer forma, do dissolvido Partido Fascista”. Quatro anos mais tarde, em 1952, aprovou-se também a chamada Lei Scelba, que tipificava o crime de apologia ao fascismo.

titulares, todos severamente machucados (Zamora, Ciriaco, Lafuente, Iraragorri, Gorostiza e Lángara). De todos eles, Ricardo "Divino" Zamora era o mais contundido, com duas costelas fraturadas após um golpe italiano que nem sequer foi marcado como falta pelo árbitro belga. Agora havia outro juiz em campo, mas Mussolini continuava mandando no estádio. Assim, o suíço René Mercet anulou dois gols legítimos dos hispanos Quincoces e Regueiro, por impedimentos inexistentes, mas validou o irregular tento do lendário Giuseppe Meazza (o mesmo que atualmente empresta seu nome ao estádio do clube Milan, onde atuaram Kaká e Robinho), embora no lance o argentino Demaría segurasse Nogués, goleiro substituto de Zamora. Dessa vez o roubo foi tão evidente que a FIFA expulsou definitivamente da Federação mundial e também da Federação suíça o juiz Mercet. Mas não modificou a passagem italiana para as semifinais, quando a arbitragem voltou a favorecer o time local, que venceu sem méritos o famoso "Wunderteam" austríaco, a melhor equipe europeia do momento, com o craque Matthias Sindelar (ver página 17) na liderança do ataque.

CINEMA PARADISO?

Depois do futebol, o cinema foi a segunda ferramenta usada pelo fascismo para atrair os jovens e, principalmente, a família, já que podia oferecer filmes adequados a todos os gostos e idades. Vittorio Mussolini, o primeiro filho homem reconhecido pelo Duce, foi crítico e produtor de cinema; trabalhou com diretores importantíssimos como Federico Fellini, Roberto Rossellini e Michelangelo Antonioni — depois, Fellini caricaturalmente o separa de Hitler, Rosselini mostra sua ambição colonialista e Antonioni o desumaniza. Mas o grande orgulho de Vittorio, e também do pai, foi ter produzido o filme *Cipião, o Africano,* que conta a história de Públio Cornélio Cipião, um general romano que comandou os exércitos na Segunda Guerra Púnica, no século II a.C., derrotando o cartaginês Aníbal, aquele dos elefantes. Dirigida por Carmine Gallone (1937), a película traça um paralelo entre a defesa que Cipião fez do Império Romano e as invasões colonialistas de seu pai na África. Mussolini patrocinou muitos filmes, especialmente um ciclo em torno de homens musculosos e de retidão moral, como Maciste, que serviram ao fascismo para legitimar o uso da força como meio para alcançar seus objetivos. Após a queda de seu pai, Vittorio foi para a Argentina, onde não se encontrou com os craques "oriundi" que escaparam da guerra pela loucura de seu progenitor, e acabou abrindo uma companhia de cinema em Hollywood, que faliu por causa de sua história familiar.

"Il Duce" estava perto de conseguir o que tanto desejava, ver sua Itália fascista no topo do mundo. No domingo, dia 10 de junho, na capital Roma, foi disputada a final. A "Azzurra" enfrentou mais um time tecnicamente melhor, o da Tchecoslováquia, mas Vaccaro (Mussolini) solicita que o mesmo juiz que havia apitado a semifinal contra a Áustria, o sueco Ivan Eklind, fosse designado para a final, "garantindo a imparcialidade mostrada dias antes". E foi! Triste para a bela história do futebol, mas o episódio mostra como o autoritarismo não se importa com as vitórias ilegais. A imprensa inteira também contribuiu, pois pouco condenou essas práticas, alardeando mais os méritos do treinador Vittorio Pozzo, que na final inventou um sistema de jogo piramidal, 5-3-2, chamado "O Método", para derrotar a poderosa

COM A MODA, MUSSOLINI SEDUZIU AS ITALIANAS

Para os homens, Mussolini incentivou o futebol, e para as mulheres, a moda. Tanto que, por causa do ditador, a Itália se transformou num centro de prestígio, e o "made in Italy", numa referência mundial. Até então, só a França e a Inglaterra ditavam as tendências. Em 1935, "Il Duce" criou um conselho de moda para garantir um vestuário 100% nacional, restringindo a moda que chegava de Londres e Paris. Esse foi o início de tudo.

Claro que, como em todo regime absolutista, houve loucuras e excessos, como por exemplo a proibição que sofreram as revistas femininas de publicar fotos de modelos magras: o ideal fascista devia ser representado por uma mulher "saudável e capaz de gerar filhos". Pela mesma razão, e após constatar "cientificamente" que o esporte fazia mal ao corpo feminino, o médico e senador fascista Nicola Pende estabeleceu que as medidas justas para as manequins de moda deviam ser de 1,56 m a 1,60 m de altura, com um mínimo de 55 kg e um máximo de 60 kg de peso. Também, as lojas "fashion" eram controladas pela polícia para garantir que a matéria-prima e as criações fossem totalmente italianas. Quem não cumpria era multado em primeira instância, e, em caso de reincidência, o negócio era fechado. Estilistas da época relatam que o regime imprimiu um dicionário italiano especial para a moda, substituindo os estrangeirismos por termos latinos.

Quando o fascismo mergulhou o país no desabastecimento, o talento surgiu, e os italianos fizeram escola. Segundo a página na internet Moda no Mundo, "a falta de matéria-prima levou Salvatore Ferragamo, por exemplo, a improvisar materiais, criando sapatos de crochê, de celofane, tamancos de cortiça para Carmem Miranda e centenas de modelos para atrizes como Greta Garbo e Marilyn Monroe". O restante é história conhecida.

Tchecoslováquia do artilheiro Nejedlý, do goleiro Plánička — o "Zamora do Leste" — e do estrategista Svoboda, entre outros talentos.

Os tchecos, apesar de saberem que o jogo estava "marcado", não se intimidaram e mostraram que queriam arruinar a festa fascista. Começaram jogando bem melhor do que a Itália, deixando Mussolini mais nervoso do que os próprios "calciatori azzurri". A vinte minutos do final, abriram o placar, e, pela primeira vez em toda a Copa, alguém silenciou os camisas pretas. Três minutos mais tarde, os tchecos chutaram uma bola na trave, o que teria sido o fim... Mas o argentino Raimundo Orsi igualou nove minutos antes do último apito e conseguiu a prorrogação. Quando Pozzo reuniu seus jogadores no vestiário, para a conversa prévia da disputa da meia hora suplementar, um enviado de "Il Duce" desceu do camarote e falou: "Senhor Pozzo, Mussolini mandou lhe dizer que você é o único responsável pelo sucesso, mas Deus o ajude se falhar". Em consequência, Pozzo repassou a seus craques: "Eu não me importo como, mas agora devem ganhar... ou destruir o adversário. Se perdermos, todos nós teremos dias muitos ruins pela frente".

Na prorrogação, Angelo Schiavio, assistido pelo argentino Guaita, deu a vitória à Itália. Benito Mussolini, já no dia seguinte, organizou uma cerimônia para comemorar o feito, exigindo que "os jogadores aparecessem vestidos com o mesmo uniforme da partida". "Il Duce", que tinha aguardado a vitória por quatro anos, aproveitaria a ocasião para exaltar "o caráter heroico e guerreiro da raça latina" perante o mundo e — sobretudo — para os próprios italianos.

Muita alegria, alguns mimos para os protagonistas, e o objetivo fascista cumprido. Mas... a festa era o fim de festa. Aos poucos, começava outra história. Em outubro de 1935, "Il Duce" invadiu a Abissínia, atual Etiópia, querendo revidar a derrota de 1895/96, quando a Itália a atacou pela primeira vez. Foi um dos poucos casos de vitória da resistência armada ao colonialismo europeu no século XIX, com sua consequente expulsão das terras usurpadas, além de ser um dos poucos triunfos da raça negra sobre a branca. Pois, se antes o treinador Pozzo, quando criticado por convocar tantos estrangeiros, teria dito que "eles podem morrer pela Itália" e por isso também podiam "jogar para a Itália", agora Mussolini dizia: "Se eles podem jogar pela Itália, também podem morrer por ela". Em seguida, convocou três "oriundi" — todos argentinos e craques do clube Roma, aquele da "Cidade eterna" de que ele não gostava — para ir à guerra: Enrique Guaita, Alejandro Scopelli e An-

FILÓ: O PRIMEIRO BRASILEIRO CAMPEÃO DO MUNDO

Nascido e falecido em São Paulo (26 de dezembro de 1905 — 8 de junho de 1974), Anfilóquio Guarisi Marques começou a carreira na Portuguesa paulistana, clube onde seu pai, Manuel Augusto Marques, foi o segundo presidente da história. Aos 19 anos, transferiu-se para o então poderoso Paulistano, compondo o ataque ao lado do lendário Arthur Friedenreich. Lá conquistou vários títulos e foi artilheiro do torneio paulista. O Corinthians o contratou em 1929 e, com ele, ganhou a Copa dos Campeões desse ano.

Mas foi graças a sua atuação no Paulistano, em 1925, que Filó chamou a atenção e atuou quatro vezes, oficialmente, pela Seleção brasileira: dois jogos contra o Paraguai (marcando dois tentos) e dois contra a Argentina. Na tarde de sua estreia internacional, o Brasil escalou Filó, Lagarto, Friedenreich, Nilo e Moderato no ataque. Filó, que media 1,71 m e pesava 64 kg quando atleta, também jogou pelo Brasil em duas partidas não oficiais, contra clubes. Assim como Friedenreich, Feitiço e todos os craques paulistas, ficou de fora da Copa do Mundo de 1930 devido à rixa política entre paulistas e cariocas. Então decidiu migrar para a terra de sua mãe: a Itália. Em 1931, jogou na Lazio, o time de Mussolini, e mudou seu nome para aproveitar sua condição de "oriundo" e se naturalizar italiano: virou Anfilogino Guarisi. Na Lazio, disputou seis temporadas e dividiu as atenções com seus colegas e amigos do Corinthians, Amílcar, De Maria, Del Debbio e Rato; do rival Palestra (hoje Palmeiras), Duílio Salatin, Enzio Serafini e Pepe; do Palestra mineiro (hoje Cruzeiro), os três Fantoni: Ninão, Nininho e Niginho, que na equipe romana ficaram conhecidos respectivamente como Fantoni I, Fantoni II e Fantoni III; do Atlético Santista, André Tedesco; e do Botafogo, Benedito. Aquela Lazio fascista foi conhecida como "Brasilazio".

Mas o único que jogou pela Itália na Copa do Mundo de 1934, conquistando o primeiro título da "Azzurra", foi ele, Guarisi, como ficou conhecido na Europa. Ele — então — é o primeiro brasileiro a se consagrar campeão do mundo, ainda que só tivesse atuado no primeiro jogo, na vitória por 7x1 contra os Estados Unidos — nas eliminatórias, contra a Grécia, ele fez seu único gol "azzurro", o primeiro tento da Seleção italiana em uma disputa eliminatória de Copa do Mundo. Nesse dia também jogou Fantoni II, o Nininho, que acabou cortado do Mundial.

Na Lazio jogou 134 vezes, anotando 43 tentos. Pela Itália, atuou oito vezes no total, marcando dois gols. Em 1937, voltou ao Corinthians, encerrando a carreira vitoriosa em 1940, no Palestra Itália: nos dois clubes foi campeão paulista. Era ponta direita, e no site da Lusa pode-se ler que Filó "foi o recordista de gols numa só partida, no Campeonato Paulista de 1924. No empate contra o Brás em 5x5, Filó foi o autor dos cinco gols".

drés Stagnaro, que tinha desembarcado na Itália em 1933, sem tempo de ser escalado para defender a "Azzurra" na Copa.

Mas não era a guerra na Abissínia que mudaria com essas três presenças. O que poderia mudar radicalmente seriam os resultados do clássico futebolístico da capital italiana, onde a Lazio de Mussolini perdia quase que sistematicamente para seu rival, a AS Roma. Parece loucura, mas todos os ditadores usaram e abusaram de seu incontestado poder para seduzir mulheres, enriquecer sua conta bancária e transformar seus times prediletos em campeões. "Vou mandar todos os 'oriundi' da Roma para a Abissínia", teria dito "Il Duce". Por esse motivo, para não serem recrutados, muitos outros craques deixaram a Itália naquele ano. Os dois únicos "oriundi" que tinham garantia de continuar curtindo os méis da vitória ecumênica eram Filó e Attilio Demaría, que atuavam pela Lazio fascista ao lado da nova estrela italiana Silvio Piola — Filó nunca fez gols no clássico romano, mas o argentino marcou cinco, inclusive um na primeira vitória lazista da história.

A supremacia da Roma sobre a Lazio, para desgosto de Mussolini e Vaccaro, era escandalosa naqueles tempos, pelo menos até a década de 1940. Aliás, o derby romano começou em 1929, com vitória da Roma por 1x0, e a Lazio teve de esperar onze clássicos, até 26 de junho de 1932, para vencer pela primeira vez na Série A. Daqueles anos é que vem a rivalidade, que não é apenas esportiva. Empurrado por Vaccaro, Mussolini dividiu a "cidade eterna": ainda hoje, a maioria dos fãs da Roma é militante da esquerda, e quase todos os da Lazio votam na direita. Para os fascistas, inicialmente, não importava que os campeões sempre fossem times do norte (e foi assim até 1942). O que eles almejavam era conquistar Roma, isto é, ganhar o clássico, coisa que o clube homônimo, onde brilhou Falcão quarenta anos depois, não permitia...

Conta a história que, na temporada de 1930/31, a AS Roma foi vice-campeã, e a partir daí se propôs a ser o primeiro clube de centro e sul a conquistar a Série A italiana. Para melhorar seu time, em 1933 alinhou três argentinos "oriundi": Alejandro Scopelli e Enrique Guaita, do Estudiantes de La Plata, e Andrés Stagnaro, do Racing Club. Detalhe: os dois primeiros já tinham sido sondados em vão pela Lazio e, na realidade, só migraram pela possibilidade de disputar a Copa de 1934, o que efetivamente aconteceu com Guaita. Além disso, Renato Sacerdoti, presidente da Roma, fez três grandes contratos, já que os três tinham passagem pela Seleção argentina e eram recomendados de outro argentino que já estava no clube, Arturo Chini Ludueña — ex-Newell's Old Boys, que tinha desembarcado para jogar pela Roma-Alba, um dos três clubes que deram origem à atual AS Roma, no final dos anos 1920. Mussolini e Vaccaro ficaram tão irritados quanto seus "tifosi" (torcedores) pelo crescimento da Roma, e mais ainda porque Scopelli e Guaita tinham dito não para a Lazio dois anos antes e agora assinavam com a "associazione" de Sacerdoti — o treinador da "Azzurra", Vittorio Pozzo, precisou ser muito convincente para que Mussolini e Vaccaro aceitassem Guaita no time campeão do mundo de 1934. A princípio eles não queriam nenhum "calciatore" (jogador) da AS Roma na Seleção.

LAZIO VS ROMA: O CLÁSSICO DA "CIDADE ETERNA"

Se no norte Inter e Milan representam um embate do poder econômico, o clássico romano Lazio versus AS Roma representa uma luta política. A Società Sportiva Lazio, fundada em 1900, é a equipe da direita endinheirada e dos bairros nobres da cidade, enquanto os "tifosi" da Roma — criada em 1927 — pertencem à classe trabalhadora e representam as áreas onde predomina a esquerda popular da "cidade eterna". Sua torcida organizada Commando Ultra Curva Sud é a mais famosa e é a esquerda mais radical e virulenta, que acompanha o time não apenas no estádio como também nos bares, com seu grupo de Ultra romanos, na hora em que os jogos são transmitidos. A Lazio está representada pelo Commando Monteverde no campo e pelos Irriducibili nos bares. Como nenhum dos dois times luta habitualmente pelo título, o clássico é o grande momento para discutir a honra da capital. Os fãs da Roma consideram seus adversários crianças malcriadas, enquanto argumentam que eles são os verdadeiros romanos. Os torcedores da Lazio contestam, dizendo que a antiga cidade de Roma estava localizada onde eles vivem, e, por isso, afirmam que são os autênticos romanos. Os cronistas locais acreditam que essa rivalidade maluca é culpa de Mussolini e de seu conselheiro militar e esportivo, Giorgio Vaccaro, porque em 1920 a cidade tinha oito clubes, mas nenhum deles poderoso. Quando se tentou reunir todos num só para enfrentar o norte do país, que levava todos os títulos, somente a Lazio se opôs, enquanto os outros (pelo menos três) se uniram criando a atual AS Roma. Por isso, ou não, o certo é que o "choque do Campidoglio" excede em muito a mera competição esportiva.

Apelidado "O Indio" e nascido em Lucas González, um pequeno vilarejo da província de Entre Rios, mesopotâmia oriental da República Argentina, na fronteira com o Uruguai, Enrique Guaita – rebatizado de Enrico na Itália –, além de ser um canhoto goleador, era culto, estudante de medicina, e tinha pensamentos de esquerda, não comungava com o fascismo, mas o dinheiro falou mais alto (lá recebia cinco vezes mais do que em seu país). Com os outros dois compatriotas, estreou em um amistoso contra o Bayern de Munique, com vitória de 4x3, e, apesar de a Roma repetir sua quinta colocação no campeonato italiano, percebia-se que esse era o caminho certo. Ele era craque. Em 1933, Guaita teve um desempenho inesquecível: anotou 14 tentos em 32 partidas e garantiu sua vaga na Seleção italiana. Na tarde em que fez três gols na Fiorentina usando a camisa preta, foi apelidado de "corsário negro" pela imprensa. Scopelli também fez 14 gols em 33 jogos, mas só foi chamado para a "Azzurra" uma única vez – em 1935 contra a França –, enquanto Stagnaro atuou 25 vezes sem brilhar.

ABISSÍNIA: A GRANDE DERROTA ITALIANA

A Segunda Guerra Ítalo-Etíope — na época chamada Abissínia — foi um conflito ocorrido entre 1935 e 1936, quando a Itália fascista de Benito Mussolini, ignorando o protesto da Liga das Nações — hoje ONU —, invadiu essa região, no chamado Chifre da África. Os italianos, que tinham perdido a primeira Guerra, no final do século XIX, não quiseram repetir o fracasso e utilizaram armas químicas, inclusive nas populações civis, o que mal foi noticiado pela imprensa internacional. Devido ao gás mostarda, o número de baixas etíopes foi de meio milhão, contra apenas cinco mil italianos mortos em combate.

Apesar de Benito Mussolini comunicar oficialmente a vitória italiana na tarde de 5 de maio de 1936, a burocrática anexação da Abissínia em 7 de maio, e anunciar o fim da guerra e o nascimento do Império em 9 de maio — reservando para Vítor Emanuel III o cargo de Imperador da Etiópia e de Primeiro Marechal do Império —, a realidade foi outra. A Itália nunca governou a Etiópia verdadeiramente, em parte porque a guerrilha local impediu e porque o Reino Unido e seus aliados não aprovaram a invasão, por temer o controle italiano na navegação da região historicamente dominada por eles.

É correto que o imperador etíope Haile Selassie teve que se exilar, mas o início da Segunda Guerra Mundial acabou por impedir que os italianos — que tinham conquistado o Sudão — se assentassem realmente. Em 1941 eles saíram do Chifre da África, derrotados pelas tropas do Reino Unido e pelas guerrilhas etíopes, que trouxeram de volta ao país o imperador Selassie.

Assim, o ponto fraco de Mussolini era cada vez mais o ponto forte da Roma: Guaita, que na temporada seguinte, 1934/35, já era o maior ídolo do clube, por ter convertido 28 gols em 29 jogos, recorde ainda vigente em campeonatos italianos de 16 times. Seu contrato se renovou com salário de 10 mil liras por mês. Foi nesse momento, e antes de começar o torneio de 1935/36, em 22 de setembro, que Benito Mussolini saiu das promessas de revanche para concretizá-las em dose dupla. A primeira, em nome da Itália: conseguir a Etiópia, ou Abissínia, que no passado repelira a invasão — na Batalha de Adwa —, com a intenção de criar uma continuação do Novo Império Italiano no Chifre da África. A segunda, em nome da Lazio: enfraquecer sua rival Roma enviando para a guerra seus craques, principalmente os "oriundi" e, de modo especial, o artilheiro esquerdista Guaita.

"Vão lutar pela Itália e morrer pelo Império, se necessário", repetia Mussolini, que imaginava uma rápida e triunfante ação sobre "o exército de maconheiros de Haile Selassie", como "Il Duce" chamava os soldados do imperador africano. As tropas foram mobilizadas um mês antes do

LOUCURA E MANICÔMIO

Mussolini teve duas mulheres e seis filhos. A primeira, Ilda Dalser, dependendo das fontes, foi esposa — não há registro oficial — ou amante. Quando jovens e antes de qualquer fama, ela vendeu seu salão de beleza para financiar o primeiro jornal fundado por Benito, que não encontrava emprego para divulgar suas ideias. Com ela teve um filho que, por algum estranho motivo, jamais reconheceu: Benito Albino Dalser. Quando Rachele Guidi, sua histórica esposa, soube, mandou-a para um manicômio.

Com "Donna Rachele", como era conhecida a primeira-dama, teve Edda, a filha mais velha; Vittorio, produtor cinematográfico; Bruno, o mais obscuro; Romano, que nunca se envolveu em política e foi um bom pianista de jazz e pintor; e Anna Maria, a caçula, marcada por uma paralisia viral na infância. Viúva, Rachele abriu um restaurante. Edda, defendendo o pai, disse que "a verdadeira déspota, a menos clemente, era a minha mãe". Vittorio e Bruno foram pilotos bombardeiros na Segunda Guerra Ítalo-Etíope, na Guerra Civil Espanhola e na Segunda Guerra Mundial (Vittorio descrevia os bombardeios como um espetáculo, as bombas como botões de rosas, e o assassinato "lá embaixo", como "uma diversão excepcionalmente boa"). Anna Maria foi uma destacada locutora de rádio até a sua morte.

O quadro familiar do Duce se completa com seu irmão mais novo, Arnaldo, também jornalista. Ele dirigiu alguns ▶

início do torneio de futebol, em 2 de agosto exatamente, quando o Japão se recusou a formar uma aliança, como pretendia a Etiópia, e liberou o caminho para o ataque italiano.

Casual e coincidentemente, no dia 19 de setembro de 1935, três dias antes do início da Série A, o plantel profissional da Roma fez uma visita ao quartel militar da Via Paolina para apoiar moralmente as tropas, e, aí, os craques foram informados da nova ideia de Mussolini. Os três argentinos não gostaram do que viram, menos ainda do que ouviram, e pegaram um táxi do quartel direto para a casa do diretor esportivo do clube, "signore" Vincenzo Biancone. A pergunta imediata foi: "É seguro para nós ficar em Roma?". E a resposta, também imediata: "Certamente, como qualquer outro jogador romano; fiquem tranquilos que a Itália vencerá na Abissínia sem vocês".

Stagnaro, o mais preocupado, disse, segundo jornalistas romanos: "Olha, nós acreditamos, mas queremos perguntar no consulado argentino, que talvez possa nos aconselhar como evitar a convocação do Exército". O próprio Biancone os acompanhou para garantir que no dia seguin-

▶ dos jornais que Benito fundou e era igualmente político, primeiro socialista e depois fascista. O nome de batismo foi uma homenagem a Arnaldo da Brescia, fundador do Arnaldismo, doutrina cristã anticlerical. Aliás, ele foi o grande negociador nas estremecidas relações entre o regime fascista e a Igreja Católica na crise de 1931. Já a irmã caçula, Edvige, que sempre se manteve fiel ao primogênito, aprovou um livro sobre a vida de Benito desmentindo que ele fosse antissemita, fato verdadeiro na primeira década de governo, até porque os judeus italianos sempre foram nacionalistas. Mas esse bom relacionamento terminou quando Mussolini se aliou a Hitler, como mostra o filme *O Jardim dos Finzi-Contini* (Vittorio De Sica, 1970). Lembre-se de que, em 1938, os fascistas promulgaram as "Leis Raciais", em cuja Declaração se inferiorizam os negros e outras etnias, se proíbe o casamento "entre italianos de 'raça ariana' e uma pessoa pertencente a outra raça" e se afirma que "os judeus não aceitam 'sinceramente' o fascismo porque é contra a política e a psicologia hebraicas", colocando-se como vítimas em vez de agressores. No mesmo ano, e também por decreto, os empresários judeus foram proibidos de contratar funcionários não judeus. Por fim, nesse mesmo ano, Mussolini redigiu um artigo jornalístico negando antissemitismo em sua gestão fascista, mas afirmando que o governo tinha o direito de monitorar os judeus. E, depois, avisou aos judeus que "todos eles devem deixar gradualmente, mas definitivamente, a Itália".

te aparecessem cedo para treinar em Testaccio, o CT do clube. Coisa que não aconteceu. Acabaram dormindo no consulado e, na manhã seguinte, 20 de setembro, os três argentinos partiram, sigilosamente, num belíssimo Lancia Dilambda, em direção à fronteira francesa. Dirigiram até a cidade de La Spezia, onde deixaram o carro, e em Santa Margherita Ligure, perto de Gênova, tomaram o trem que os levaria até Ventimiglia, na fronteira, cruzando-a à noite rumo a Menton, França, país onde todos embarcaram em um transatlântico com destino a Buenos Aires, Argentina.

No consulado, informaram que os três seriam efetivamente chamados para o Exército e que a situação na Europa poderia piorar, porque as nações que assinaram o Tratado de Versalhes, em 1919, tinham rearmado seus exércitos, e de fato o clima bélico era tenso. Além de Mussolini enviar, naquele momento, cem mil soldados para a Abissínia, um ano depois começou a Guerra Civil Espanhola, e, quatro anos mais tarde, a Alemanha nazista invadiria a Polônia, desencadeando a Segunda Guerra Mundial. Esse panorama, mais a informação de que nas horas seguintes receberiam

SAN DOMINO: A ILHA DOS GAYS NA ITÁLIA

Os craques de futebol do clube AS Roma não foram os únicos a ter problemas com Mussolini, além dos oposicionistas políticos. Também os gays. Chamados de degenerados, muitos deles foram expulsos de suas casas e confinados numa ilha, sob um regime de prisão semiaberta, no qual tinham que se recolher às 20h.

A homossexualidade ia contra o ideal fascista, definido como um regime viril. Segundo os discursos militares de "Il Duce", os italianos "são fortes e másculos". Para impedir que "o mal" se expandisse, principalmente na Sicília, meia centena de "doentes" foram trasladados — algemados — à ilha de San Domino, em Tremiti, onde foram separados em dormitórios individuais, sem eletricidade nem água corrente. Com o passar do tempo, o regime relaxou o suficiente para ser um bom lugar para os gays. "Aí podíamos ser quem realmente éramos", se lê nos testemunhos dos últimos sobreviventes. "Não esqueçam que então, se você fosse um 'femminella' (gay na gíria local), não podia sair de casa, porque a polícia o prenderia. Na ilha, apresentávamos peças de teatro e podíamos nos vestir como mulheres para representar as personagens, e ninguém dizia nada."

Nas ilhas italianas de Ustica e Lampedusa também foram internados alguns gays junto a prisioneiros políticos.

um telegrama chamando para o exame médico do Exército, contribuíram para que os argentinos partissem de modo intempestivo. Biancone guardou solidário silêncio.

A notícia da fuga espalhou-se rapidamente, e, por ordem de Mussolini, os três jogadores foram acusados de desertores e traidores, tiveram o passaporte invalidado, caso quisessem cruzar a fronteira, e a dupla nacionalidade anulada, além de serem proibidos de voltar "à bota" pelo resto da vida, punição que esteve vigente até a morte dos três craques. De um dia para o outro, na véspera de um novo campeonato, a Roma perdia três de seus pilares — Guaita, com 25 anos, que tinha jogado 60 vezes e marcado 43 gols; Scopelli, de 28 anos, com 63 atuações e 24 gols; e Stagnaro, também com 28 anos, que havia atuado apenas em 26 partidas, mas era o melhor reserva do time profissional. Devido aos inesperados desfalques, a Roma, nessa temporada, voltou a ser vice, apenas um ponto atrás do campeão. Os "*tifosi giallorossi*" afirmam ainda hoje que com Guaita e Scopelli o primeiro título teria chegado com folga naquele ano.

Usando a imprensa, que não discutia suas ordens, Mussolini aproveitou para condenar os desertores. O jornal *Littoriale*, que poucas semanas antes

1938: O SEGUNDO TÍTULO

A Itália também conquistou o terceiro Mundial — o segundo disputado na Europa —, consagrou-se primeira bicampeã da história, e Mussolini não precisou mais enviar seus ameaçadores telegramas aos craques antes do jogo, dizendo "vencer ou morrer". Até porque, quando aconteceu a Copa seguinte, no Brasil, ele já tinha sido executado. Mas, apesar de ser disputada na França, a Itália era local em vários aspectos. Por exemplo, era a única seleção com um avião à disposição para os deslocamentos dentro do país. Todas as demais equipes tinham de viajar de trem ou ônibus. Nessa época, Mussolini já não era simplesmente "Il Duce", era Deus. Nem precisava pedir à imprensa que publicasse o que desejava, os jornalistas sozinhos mamavam e vomitavam a ideologia fascista. Depois da vitória italiana sobre o Brasil, em Marselha, o jornal milanês *La Gazzetta dello Sport* publicou a manchete: "Saudamos o triunfo da inteligência branca italiana sobre a força bruta dos negros". Na final, a "Azzurra" derrotou a Hungria, que tinha um time duas vezes superior. As palavras do estupendo goleiro húngaro Antal Szabó explicam tudo: "Ao aceitar a derrota, salvei a vida de onze homens".

havia elogiado Guaita como "o maior vencedor de uma nova geração", agora escrevia que ele e seus colegas eram "ovelhas disfarçadas de leões aos domingos, mas que a Itália não precisava deles", agregando que "é oportuno parar de amamentar cobras", em claro ataque aos "oriundi" e suas mordomias. O clima foi dos piores. Tanto que o presidente da Lazio e conselheiro esportivo de "Il Duce", Giorgio Vaccaro, foi atrás das esposas dos atletas, que, uma semana mais tarde, foram algemadas na fronteira de Ventimiglia e acusadas de contrabando de divisas "por querer deixar a Itália com uma grande quantia de dinheiro escondida em uma pequena bolsa".

As mulheres de Scopelli e Guaita foram liberadas graças ao cônsul de fronteira, Senhor Ambrosoni, e abandonaram o país com apenas duas mil liras, embora, em dois anos e meio, estima-se que cada um dos jogadores tenha ganhado 250.000 liras italianas. "Surpreendidos como estávamos, decidimos sair imediatamente. Faltou tempo para informar as esposas", dissera o solteiro Stagnaro. Scopelli e Guaita deram uma versão *light* ao jornal *La Nación*, de Buenos Aires, temendo represálias, contando inclusive que suas

OS CLUBES ITALIANOS NO BRASIL: OS "PALESTRA"

No Brasil, os imigrantes italianos fundaram seus próprios clubes para atender à comunidade e mostrar o melhor de sua terra natal. Os principais deles foram os chamados Palestra. Mas, em 1942, por causa da participação negativa do fascismo italiano, aliado a Hitler, na Segunda Guerra Mundial, o governo brasileiro de Getúlio Vargas obrigou todos eles a mudar de nome. Assim, o Palestra Itália de São Paulo foi rebatizado de Palmeiras e, em Belo Horizonte, virou o atual Cruzeiro.

Em homenagem ao Palestra paulistano, vários outros clubes de pequenos municípios do estado adotaram a mesma denominação, que conservam até hoje (apenas tiraram a palavra Itália), como o Palestra Esporte Clube de São José do Rio Preto e o Palestra de São Bernardo. Alguns desses clubes foram extintos, como o Palestra Itália de São Carlos, o Palestra Itália de Rio Claro e o Palestra Futebol Clube de Ribeirão Preto.

No Paraná, houve um Palestra Itália Futebol Clube, fundado em 1921, que se fundiu com o Britânia Sport Club e com o Clube Atlético Ferroviário, em 1971, dando origem ao Colorado Esporte Clube, que, por sua vez, fundiu-se ao Esporte Clube Pinheiros, formando em 1989 o atual Paraná Clube. Em Nova York, também existiu um Palestra Itália, mas não praticava futebol.

esposas saíram antes deles e que não houve fuga, que tudo foi planejado durante dois meses e que a saída da AS Roma foi de comum acordo com o clube.

“Não são traidores, mas mercenários e covardes”, era o que se lia naqueles dias na imprensa fascista, sem que os jogadores pudessem se defender, como fizeram anos mais tarde: “Nós nos mudamos para a Itália para jogar futebol. Naturalizamo-nos italianos a pedido deles e acreditando que era uma mera formalidade para representar o país nas partidas internacionais, mas entendendo até hoje que a nossa cidadania argentina nunca seria afetada. Não nos mudamos para ir a guerra nenhuma”. A pedido de Mussolini, a FIFA proibiu os três de jogar em qualquer outro clube europeu no ano seguinte, mas imediatamente todos se estabeleceram em times argentinos. Assim, Guaita, Stagnaro e Scopelli assinaram com o Racing Club em fevereiro de 1936. Em 1938, Scopelli conseguiu assinar com o Red Star de Paris. Os outros dois nunca mais tentaram sair da Argentina. Guaita e Scopelli voltaram a atuar para a Seleção “blanquiceleste” e ganharam o título sul-americano de 1937. “Perdemos quase tudo o que tínhamos ganhado... Voltar a emigrar? Quem nos garantiria que isso não voltaria a acontecer em outro país, especialmente num mundo que entrava em guerra?”, justificou-se Guaita antes de morrer, jovem — aos 49 anos — e pobre, após perder emprego como diretor da prisão de Bahía Blanca, no sul do país.

Em 1935, e por acaso, Raimundo “Mumo” Orsi, o ponta-esquerda da Itália na final de 1934, que atuava na Juventus, longe da rivalidade romana, também retornou para, Argentina, contratado pelo Independiente de Avellaneda. Encerrou a carreira em 1939, defendendo o Flamengo, no Rio de Janeiro. Em 1938, na terceira Copa, disputada na França, Mussolini manteve o treinador Vittorio Pozzo e voltou a enviar os mesmos telegramas para cada um dos craques, todas as noites anteriores a cada jogo, com sua sucinta, mas eficaz, mensagem “Vencer ou Morrer”. A Itália voltou a triunfar, tornando-se a primeira bicampeã mundial da história.

Nota: além de Filó, 22 craques brasileiros defenderam outras seleções nacionais nas primeiras 21 Copas do Mundo de futebol (até Catar 2022).

TENENTE-CORONEL TRONCOSO...

Isidro Lángara morreu sendo o terceiro maior artilheiro da história da Seleção espanhola, com 17 gols em 12 jogos, superado (em valores absolutos) apenas por Telmo Zarra — com 20 tentos em 20 partidas — e pelo argentino naturalizado Alfredo Di Stefano — com 23 gols em 31 jogos. Mas ele conserva ainda hoje a melhor média da história da "fúria": 1,42 gol por jogo. Até explodir a Guerra Civil Espanhola, ele foi o melhor futebolista da península Ibérica, e, se não teve mais glória, foi porque preferiu o exílio a ser governado pelo generalíssimo Francisco Franco. Basco de Guipúzcoa e republicano, já consagrado, com mais para ganhar do que perder, em maio de 1936 disse adeus ao futebol ibérico, num jogo contra a Suíça.

Na Copa de 1934, Lángara fez dois gols contra o Brasil e, por lesão, ficou de fora do famoso *playoff* com a Itália de Mussolini. Mas mostrou ao mundo quem ele era nos gramados: ao voltar para a Espanha, Niceto Alcalá Zamora, presidente da República, o recebeu como um herói — na classificação para esse Mundial, cravou cinco gols contra Portugal, recorde espanhol vigente em nossos dias em partidas de eliminatórias. Torcedor e atacante do Oviedo, clube com o qual foi consecutivamente "Pichichi" — artilheiro do torneio — em 1934, 35 e 36, viu a Guerra Civil sufocar sua pequena pátria, Euskadi, o País Basco. Por não se manifestar, foi falsamente acusado pelos milicianos de ter intervindo na repressão da chamada Revolução das Astúrias, e foi preso no navio Cabo Quilates, ancorado em Lekeitio. Esclarecida sua

...SALVO-CONDUTO DO CRAQUE ESPANHOL DA COPA DE 1934

situação com ajuda de um antigo árbitro de futebol e do tenente-coronel Julián Troncoso Sagredo, e demonstrada sua inocência, foi convocado para integrar a Seleção basca que faria uma turnê pela Europa com a finalidade de arrecadar fundos para os refugiados.

Em 1937 — no momento em que, na estreia, eles derrotavam o Racing de Paris — a Legião Condor da força aérea alemã, aliada a Franco, bombardeou a pequena Guernica, cidade que dá nome à mítica tela de Pablo Picasso. O fato afetou psicologicamente a equipe, particularmente Lángara, um homem de poucas palavras e muita sensibilidade. Depois de se apresentar em Praga, Marselha e Copenhague, o time desembarcou em Moscou, que os recebeu como heróis. Na capital da antiga União Soviética, Lángara marcou um gol da metade do campo, com tanta virulência que obrigou o juiz a parar o jogo e verificar se tinha algum recurso extra nas chuteiras...

Em junho de 1937, a cidade de Bilbao caiu nas mãos do franquismo, e, mais uma vez ajudados pelo tenente-coronel Julián Troncoso Sagredo, que amava o futebol, toda a equipe se asilou no México, cuja Federação aceitou que, com o nome de Euskadi, atuasse no torneio local, no qual foi vice-campeã. Um ano depois, pela ordem de dezembro, Franco perdoaria os que voltassem e defendessem sua Seleção na Copa de 1938, na França. Os que não voltassem seriam castigados com seis anos de suspensão. Alguns retornaram, mas

Isidro Lángara e Ángel Zubieta não se curvaram e decidiram atuar pelo San Lorenzo de Almagro, da Argentina. Na estreia, diante do River Plate, Lángara marcou quatro tentos em meia hora: ainda hoje é ídolo do time do papa Francisco. Seus 111 gols em 130 partidas jamais serão esquecidos em Buenos Aires. Na Argentina, foi artilheiro do torneio de 1940, feito que ele repetiria duas vezes ao retornar ao México. Lángara (Espanha, Argentina e México), Di Stefano (Argentina, Colômbia e Espanha) e Romário (Holanda, Espanha e Brasil) são os únicos três jogadores do mundo que foram máximos artilheiros de primeira divisão em três países diferentes.

Finalizada a Guerra Civil, o tenente-coronel Julián Troncoso Sagredo, sob comando do general sublevado José Moscardó, organizou um campeonato de futebol paralelo no norte espanhol e convenceu Lángara a retornar à Espanha em 1946. Sua fama era tanta que Franco nada poderia fazer sem um alto custo internacional. Então o ditador falou que perdoava seu deslize, e Lángara o corrigiu dizendo que, nessas circunstâncias, ele era o único que podia perdoar, mas não disse que o estava perdoando. Assim, Isidro Lángara regressou a seu querido Oviedo e, com quase 35 anos de idade e 11 anos depois de sua partida, voltou a ser convocado para a Seleção espanhola, onde marcou seus últimos dois gols. ●

O JOGO DE ISIDRO LÁNGARA CONTRA O BRASIL PELA COPA DO MUNDO DE 1934 (FICHA TÉCNICA)

27/05/1934 (16h) – ESPANHA 3x1 BRASIL. Estádio Luigi Ferraris (Gênova, Itália). Público: 21.000. Árbitro: Alfred Birlem (Alemanha); auxiliado por Ettore Carminati (Itália) e Mihály Iváncsics (Hungria).

ESPANHA: Ricardo "O Divino" Zamora; Ciriaco e Quincoces; Cilaurren, José Muguerza e Marculeta; Lafuente, José Iraragorri, Isidro Lángara, Simon Lecue e Gorostiza. Treinador: Amadeo García Salazar. BRASIL: Pedrosa; Sylvio Hoffmann e Luiz Luz; Tinoco, Martim Silveira e Canalli; Luisinho, Waldemar de Britto, Armandinho, Leônidas e Patesko. Treinador: Luiz Vinhaes.

GOLS: José Iraragorri (18'/1º tempo, de pênalti; 1x0), José Iraragorri (25'/1º tempo; 2x0), Isidro Lángara (29'/1º tempo; 3x0) e Leônidas (10'/2º tempo; 3x1).

CAPÍTULO III

O JOGO QUE NUNCA EXISTIU

Em 11 de setembro de 1973, o golpe militar que empossou a ditadura de Augusto Pinochet rompeu as relações entre o Chile e a União Soviética. O fato mudou os rumos da Copa de 1974 e transformou o Estádio Nacional de Santiago em um vergonhoso túmulo da história moderna.

Em 2012, a Federação Chilena de Futebol pediu à FIFA para não jogar contra a Colômbia em 11 de setembro, no Estádio Nacional de Santiago, pelas eliminatórias para a Copa de 2014. A FIFA não aceitou a petição e a partida aconteceu, mas em outro estádio da cidade, o Monumental David Arellano. Esse simples fato obriga a entender por que o dia 11 de setembro não é uma data qualquer na vida do povo chileno, assim como o Estádio Nacional não é mais considerado um simples cenário esportivo.

Em 1970, os votos do Partido Comunista, apoiando a coalizão esquerdista Unidad Popular, tiraram do poder o governo de centro-direita que comandava o Chile havia mais de uma década. Os Estados Unidos não iriam perdoar a mudança em direção ao socialismo naqueles tempos de Guerra Fria. Assim, medidas político-econômicas do país do norte começaram a desestabilizar o Chile, após três quartos de século de estabilidade democrática/presidencialista (até então, uma raridade na América Latina). Em 11 de setembro de 1973, o presidente Salvador Allende morreu durante um efetivo golpe de Estado cuja ação durou menos de 24 horas. O militar Augusto Pinochet, com o apoio da CIA, tomou o controle do país para programar reformas, ressuscitar o capitalismo da Escola de Chicago e dizimar a população dissidente (tanto que precisou improvisar campos de concentração em lugares tão inadequados quanto o Estádio Nacional de Santiago). Allende governou o Chile por menos de mil dias; Pinochet, por dezessete anos.

O golpe aconteceu durante a fase final das eliminatórias para a Copa do Mundo de 1974, na Alemanha. Um mês antes, a Seleção chilena havia ganhado o direito de disputar uma repescagem intercontinental, como uma última chance de obter uma vaga no torneio. O adversário seria a União Soviética, grande parceira

POR QUE O GOLPE DE ESTADO ACONTECEU EM 1973?

O golpe de Estado que derrocou Salvador Allende foi o último empurrão dado pelos Estados Unidos a um governo que tremia em sua própria ideologia socialista e vivia de forçadas alianças com a União Soviética, Cuba e outros satélites desses países. O Chile de Allende era um desastre, isso é verdade — muito socialista, aceitavelmente democrático, mas sem saída. Já no final de 1971 apareceram os primeiros grandes problemas econômicos. O déficit orçamentário cresceu em um ritmo acelerado, de 3,5% a 9,8% em menos de um ano; o controle da política monetária aumentou o endividamento do setor público em 124%; o nível de reservas internacionais caiu de US$ 394 milhões (1970) para US$ 163 milhões (1971), o que levou o governo da Unidade Popular a suspender os pagamentos da dívida externa; o superávit da balança comercial de US$ 95 milhões se transformou em um déficit de US$ 90 milhões após a queda acentuada dos preços do cobre; por causa do aumento dos salários reais e do controle de preços, houve uma contração dos lucros das empresas, o que gerou desabastecimento e o mercado negro paralelo. As mulheres foram as primeiras a sair às ruas, e foram elas que impuseram na América Latina os "panelaços" hoje tão frequentes na Argentina. A segurança pública e a violência política também começaram a ser problemas, tendo como ápice o assassinato do ex-ministro Edmundo Pérez Zujovic pelas mãos do grupo VOP (Vanguarda Organizada do Povo), de ultraesquerda, em junho de 1971. Algumas estatizações também incomodaram a sociedade mais tradicional e conservadora, e as greves de diversos setores começaram a se repetir constantemente. Tal contexto polarizou o país, gerando um desenlace que muitos definiram na época como "previsível".

ideológica e comercial dos últimos anos. Por sorteio, a FIFA apontou que as seleções deveriam se enfrentar duas vezes: em 26 de setembro de 1973, no Estádio Lenin, em Moscou; e em 20 de novembro, no Estádio Nacional de Santiago.

Sem imaginar que ocorreriam mudanças tão drásticas no panorama político do país, a Federação Chilena de Futebol programou uma série de jogos preparatórios a caminho de Moscou e reservou as passagens aéreas dos jogadores para a noite de 11 de setembro. Naquele mesmo dia, Salvador Allende morreu dentro do palácio presidencial, obrigando o Chile a largar a mão esquerda soviética e agarrar a mão direita norte-americana, tudo em um piscar de olhos.

Naquelas semanas prévias, na Europa, Alfredo Asfura, o conselheiro chileno de futebol internacional, resolvia detalhes da Missão Moscou — um amistoso diante do México e outro contra o Neuchatel Xamax, da Suíça, este em condições meteorológicas semelhantes às de Moscou, mais uma partida após o jogo com os soviéticos, contra a Inter de Milão, e mais uma contra o Paris FC — para pagar a viagem. Enquanto resolvia um problema contratual na capital francesa, o cartola viveu a seguinte situação: "Chego ao hotel e a recepcionista me diz 'Você viu? Mataram seu presidente'. E eu respondo com uma pergunta: 'Francisco Fluxá?', que era o titular da Federação Chilena; 'Não, Salvador Allende, o presidente do país' responde ela"... Imediatamente, Asfura viajou para o México e postergou o primeiro jogo da turnê, que o governo chileno logo autorizou para o dia 17 (o Chile venceu por 2x1).

Rapidamente, a URSS passou de principal aliada do Chile a encarnar a representação do pior inimigo. Pinochet não era partidário de enfrentar a União Soviética. Pessoalmente, o militar preferia ficar de fora do Mundial a se misturar com "esses russos". Mas o general

O QUE É A "ESCOLA DE CHICAGO"?

Trata-se de uma corrente econômica liberal que defende as teses monetaristas e os mercados livres do intervencionismo estatal. Seus maiores representantes são Milton Friedman — considerado o principal fundador do movimento —, George Joseph Stigler (ambos laureados com o prêmio Nobel), Friedrich Hayek, Frank Knight e Gary Becker, todos contra o keynesianismo e a favor do direito de proteção da propriedade, exatamente tudo o que a União Soviética da época não respeitava.

ALLENDE, O PRESIDENTE ASSASSINADO

Em 11 de setembro de 1973, o corpo de Salvador Allende apareceu na sede presidencial, o Palacio de la Moneda, no centro de Santiago, cercado por uma história inicialmente assim contada:

"O presidente se suicidou com a AK-47 que ganhou de presente do líder da revolução cubana, Fidel Castro e que, como uma relíquia, conservava na sua sala" (a metralhadora tinha gravada na coronha a inscrição em espanhol: "A Salvador Allende, de su compañero de armas, Fidel Castro"). Mais tarde, quando do fim da ditadura, se divulgou o que até o início de 2014 se considerou "a outra verdade": não houve suicídio, Allende foi assassinado. Tal "verdade" foi desmentida com a exumação do cadáver, em 2011, quando o laudo da perícia médica reivindicava a hipótese de suicídio, confirmada somente em 9 de janeiro de 2014. Foi fácil para o mundo inteiro acreditar em um assassinato durante tanto tempo, porque, dois anos antes de morrer, Allende declarou publicamente, frente aos primeiros conflitos de seu governo: "Yo cumpliré mi mandato. Tendrán que acribillarme a balazos para que deje de actuar...". Hoje a ciência demonstrou o contrário: foi morte voluntária, suicídio.

Médico cirurgião de profissão, deputado e ministro da Saúde antes de ser eleito presidente, Allende havia perdido em outras três eleições. Foi em 1970 que subiu ao poder com o plano "via chilena al socialismo". Era casado e tinha três filhas quando morreu, aos 62 anos.

acabou sendo convencido a autorizar a viagem, porque ir à Copa seria bom "para o esporte chileno" e, caso o time tivesse uma atuação digna, também seria bom "para a imagem internacional do novo governo e uma alegria para o povo". Quem o convenceu de modo decisivo foi o general Gustavo Leigh, chefe da Força Aérea, que por sua vez foi persuadido por seu médico pessoal, o doutor Elias Jacob, também médico do time chileno. Curiosamente, apenas três meses antes, Elias Jacob havia substituído o doutor Álvaro Reyes na Seleção, um dos primeiros detentos e torturados...

A seleção do Chile enfim embarcou para sua turnê futebolística. "Partimos com medo, todo mundo sabia que a maioria dos jogadores era partidária do governo de Allende, então, como desapareciam vizinhos, conhecidos, amigos, temíamos que pudessem fazer alguma coisa com nossas famílias", falou anos mais tarde o meio-campista Guillermo Páez. "Eu morava na Villa Santa Adela, perto do Aeroporto Los Cerrillos, e no primeiro dia do golpe fui pela estrada de Melipilla. Um militar me parou e pediu a minha identificação. Como não costumava andar com os documentos, mostrei meu crachá de jogador do Colo-Colo e da Seleção, e ele me deixou ir. Há quarenta anos que me pergunto: quantos outros irmãos não tinham esse crachá nem nada para mostrar e foram baleados por isso?"

Eduardo Herrera, jogador do Wanderers de Valparaíso, deu um relato semelhante: "Me deixavam passar porque era jogador da Seleção, mas no trajeto me paravam umas dez vezes, cada dia e todos os santos dias, quando ia e voltava dos treinos". Anos mais tarde, o atacante Carlos Caszély — famoso por seus gols e porque uma vez se recusou a cumprimentar o ditador Augusto Pinochet — disse: "Lembro daquele 11 de setembro como um dos dias mais tristes da minha vida. Quando embarquei, estava angustiado e com medo, não por mim, mas por familiares e amigos que por minha causa pudessem ser prejudicados, perseguidos...". Caszély, que nunca escondeu as tendências de esquerda, foi o primeiro jogador a ser expulso com um cartão vermelho na história das Copas — mais precisamente nessa da Alemanha, em 1974.

AUGUSTO JOSÉ PINOCHET UGARTE: O INIMPUTÁVEL DITADOR

Pinochet foi responsável por um dos períodos mais sangrentos da América Latina, mas jamais foi punido por seus crimes.

Em setembro de 1973, o supostamente "leal e apolítico" general Augusto Pinochet viveu uma situação inusitada: então líder do Exército chileno, o general Carlos Prats se recusou a participar de qualquer golpe de Estado e pediu afastamento, tornando Pinochet imediatamente o comandante-chefe. Apenas 18 dias após assumir com amplo apoio dos Estados Unidos, ele comandou a derrocada do presidente Salvador Allende, chegando ao poder em 11 de setembro de 1973 e permanecendo no cargo até 11 de março de 1990. Foi o responsável por um dos governos ditatoriais mais terríveis já vistos na América Latina, declarando como inimigos centenas de milhares de chilenos, inclusive o general Carlos Prats (que foi assassinado).

Após deixar o governo, Pinochet manteve o cargo máximo nas Forças Armadas e foi deputado vitalício até 1998, quando se demitiu por problemas de saúde. Sem o poder das armas, vieram à tona as acusações por violações aos direitos humanos. Foi detido pela Scotland Yard em Londres, em outubro do mesmo ano, mas só foi extraditado para o Chile em 2000. Um atestado médico de demência levemente moderada salvou o ex-ditador de múltiplas condenações, principalmente pelas mortes e desaparecimento de aproximadamente 50 mil compatriotas. Morreu em 2006, no Hospital Militar do Chile, após um longo exílio em Londres, aos 91 anos.

A partida entre Chile e URSS em Moscou aconteceu exatos quinze dias após o golpe de Pinochet, diante de 60 mil pessoas que compareceram para vaiar os "novos capitalistas" da América do Sul. Não há nenhum registro audiovisual daquele empate sem gols na então hermética União Soviética. Mas os próprios atletas relatam que, durante os 90 minutos, o time da casa permaneceu no ataque, enquanto o Chile ficou fechado na defesa, como havia orientado o mítico treinador Luis "Lucho" Álamos. Enfim, o apito final do árbitro carioca Armando Marques encerrou um 0x0 mais conveniente para os latino-americanos do que para os locais.

Antes do jogo, as coisas em Moscou também não foram fáceis para os atletas chilenos que pensavam como esquerdistas e eram enxergados como "embaixadores da extrema direita". As autoridades soviéticas pareciam não se importar com a ideologia individual dos jogadores: para elas, a delegação se identificava com Pinochet, então deveria ser tratada de acordo. Inclusive, na hora do desembarque, houve uma longa demora porque o controle de imigração dizia que quem estava na foto do passaporte de Carlos Caszély não era o craque. Claro que era! Mas a questão se resumia a agoniá-los e, ao mesmo tempo, cansá-los para o jogo...

A IMPLACÁVEL CENSURA NA UNIÃO SOVIÉTICA... E NO CHILE

Além do jornal *Pravda*, com vários milhões de exemplares distribuídos diariamente, existiam outros jornais do governo na União Soviética: o *Izvéstia*, órgão do Soviet Supremo, só cobria política externa; o *Trud*, do movimento sindical, dava notícias dos trabalhadores; o *Komsomolskaia* era o veículo da juventude do Partido Comunista; o *Krasnaya Zvyzeda* trazia informações sobre as Forças Armadas; e o *Pionerskaia*, do Movimento dos Pioneiros soviéticos, que não passava de um panfleto ideológico. Todos eles eram 100% controlados pelo regime. A televisão era limitada, e a Rádio Moscou transmitia em mais de oitenta idiomas, mas também era manipulada pelo PC. Um detalhe curioso: durante quinze anos, entre 1973 e 1988, a emissora transmitiu o "Escuta Chile", um programa dirigido ao país homônimo durante a ditadura de Pinochet, supostamente para "contar o que os chilenos devem conhecer e o governo oculta". A censura exercida em toda a mídia chilena superou, em muito, aquela vivida no Brasil e no resto da América do Sul, pois não apenas impedia que se publicassem opiniões contrárias ao governo, como também se ditava o que devia ou não ser impresso.

A delegação passou dias concentrada no Hotel Ucrânia, onde viveu situações desagradáveis. "A comida não era a que nós pedíamos; o ônibus nunca chegava na hora, nem mesmo no dia em que fomos reconhecer o campo. Quando chegamos, o estádio já tinha fechado. Os jogadores tiveram de pular o muro para treinar", declarou o cartola Alfredo Asfura. Os atletas Alberto Quintano e Pedro Fornazzari viajaram via México, pois lá atuavam na época, e, como chegaram três horas antes do que o restante da delegação, tiveram de esperar sentados no chão do aeroporto, na sala da KGB, polícia política soviética. O ponta-esquerda Leonardo Véliz relatou que em Moscou "fui abordado na rua por um estudante chileno da Universidade Lumumba, filho de um comunista. Eu disse a ele para se esquecer de voltar para o Chile, porque seu antecedente na URSS seria um perigo para sua integridade. Acho que salvei uma vida".

Os jogadores chilenos lembram que a atuação do juiz brasileiro Marques foi importante, porque ele não teria se deixado influenciar pelo ambiente ou pelas vaias. Naquela Seleção chilena atuava o formidável zagueiro Elías Figueroa, figura estelar do Inter de Porto Alegre na época — ao lado de Falcão. Ele teve de viajar em cima da hora porque ninguém havia confirmado o jogo: "Lembro que saí de um treino no Beira-Rio e recebi o *ticket*, mas já estava na hora do embarque, então fui direto para o aeroporto, sem passar em casa. Graças a uma rádio gaúcha consegui avisar a minha família; lembro que disse por rádio: 'família, vou para Moscou e volto'; sim, assim, sem mais roupas do que as que eu usava naquele instante. E lá, em Moscou, conheci vários de meus companheiros, com os quais eu nunca tinha atuado. Nem sei como empatamos aquele jogo...".

Nessa pressa toda, Figueroa chegou à União Soviética sem visto. Levou mais um par de horas para resolver essa questão no próprio aeroporto de Sheremetyevo. E sobre o árbitro brasileiro, declarou: "Como eu já falava um pouco de português, aproveitei para lhe dizer algumas coisas, criar clima favorável. E, embora ele diga que não, eu sei que me deixou 'passar várias', como a falta que cometi no atacante Andreassian". Elías Figueroa foi nomeado "embaixador porto-alegrense" para o Mundial de 2014.

Naquela noite, Figueroa foi um leão em campo, figura fundamental daquele empate, principalmente por controlar a grande estrela soviética Oleg Blokhin — Bola de Ouro em 1975.

Marques, 84 anos, não pretende relembrar a partida. "Eu só fiz meu trabalho", é tudo o que diz ao telefone. Mas alguma "ajuda" deu, porque Asfura relatou que antes da partida "os soviéticos deram muitos presentes para Marques e, depois, no aeroporto, teve que devolvê-los por não ter declarado seu ingresso...". Hugo Gasc, único jornalista chileno que esteve em Moscou naquele dia, disse que o juiz foi decisivo, "porque era um anticomunista rai-

O BRASILEIRO ARMANDO MARQUES, UM JUIZ "MUY AMIGO"

Os próprios jogadores chilenos admitem que o juiz brasileiro Armando Marques "ajudou" elegantemente os sul-americanos na partida de ida, em Moscou, para que voltassem com o empate — resultado que talvez colaborasse um pouco na decisão dos soviéticos de não se apresentarem para a revanche.

Armando Marques, um dos três árbitros mais importantes da história do futebol brasileiro — e o mais polêmico de todos —, nasceu no Rio de Janeiro em 1930. Não gosta de falar nem quer contar nada sobre o jogo fantasma entre Chile e a URSS em 1973. Amado por muitos e odiado por muitos mais, especialmente pelos paulistas, onde teve seus erros mais notórios, encerrou a carreira para ser comentarista da extinta TV Manchete. Foi árbitro internacional por quase duas décadas — 1961 a 1977 —, apitando nesse período inúmeras finais, 112 jogos do Brasileirão, Copa América de Seleções, Jogos Olímpicos, uma final de Copa Intercontinental de Clubes, dez Taças Libertadores, quatro jogos de Eliminatórias para Mundiais e partidas em duas Copas do Mundo (Alemanha Federal 2x1 Espanha, em 1966, e Iugoslávia 0x2 Alemanha Federal, em 1974). Em 1985, venceu o prêmio "Referees Special Award" da FIFA: Romualdo Arppi Filho, em 1996, e Marcio Rezende de Freitas, em 2007, são os únicos outros brasileiros a ganhá-lo. A última atividade pública de Armando Nunes Marques foi na Comissão de Arbitragem da CBF, de 1997 a 2005. Pediu demissão com o surgimento do caso Edílson Pereira de Carvalho (corrupção confessa), por entender que foi permissivo demais com a situação.

A história mais curiosa ocorreu quando o ex-zagueiro brasileiro Nilton Santos, então treinador do Botafogo, agrediu Marques em uma partida contra o Atlético Mineiro, empurrando-o na boca do túnel dos vestiários e fazendo-o rolar escada abaixo. A foto da queda, tirada por José Santos, do jornal *O Globo*, ganhou o Prêmio Esso em 1972. Faleceu no meio da Copa de 2014, aos 85 anos, solteiro e vaidoso, com o dever cumprido. Pena que, sem querer, "ajudou" o ditador Pinochet...

voso. Eu sei disso, porque falei com ele antes da partida. Marques detestava o regime comunista". [N. d. R.: os únicos outros jogos nos quais Marques apitou na URSS, os soviéticos perderam de 4 a 1 num amistoso contra a Alemanha Federal e, na Olimpíada de Munique, empataram com outro "comunista", a Alemanha Oriental]. Oleg Blokhin, a estrela da Seleção soviética, não quis levantar suspeitas, mas deixou dúvidas com um discreto silêncio: "Em relação ao jogo bruto da defesa chilena e ao que se disse dos excessos de Elías Figueroa, em particular, eu digo que é verdade. Mas não gostaria de comentar nada sobre o desempenho do árbitro brasileiro".

Em paralelo, a Guerra Fria da época também entrava em campo. Evgeny Lovchev, zagueiro da Seleção soviética naquela campanha, comentou pouco tempo atrás que "A propaganda soviética nos fez acreditar que os chilenos não queriam voltar para casa por causa dos acontecimentos políticos que ocorreram no país deles um mês antes..." (mais de 150 mil chilenos acabaram no exílio). A propaganda política a que se refere o então campeão com o Spartak de Moscou era o que o PC obrigava a divulgar no jornal *Pravda*, único veículo de comunicação massiva da URSS. A imprensa era totalmente dirigida pelo Estado. O *Pravda*, cuja absurda tradução é "Verdade", foi o diário de maior circulação no mundo durante todos esses anos.

Após o empate em Moscou, os dois times se prepararam para a partida de volta, em Santiago. Com o correr dos dias ditatoriais, o Estádio Nacional havia se transformado em um campo de concentração de trabalhos forçados ao

ABÍLIO d'ALMEIDA

O homem da FIFA, que polemicamente validou o Estádio Nacional de Santiago para o jogo decisivo que nunca ocorreu, era carioca de nascimento e articulador político por vocação. Abílio d'Almeida foi o sul-americano mais influente na FIFA até a chegada de João Havelange à presidência da entidade: sua vice-presidência, na época do mandato do britânico Sir Stanley Rous, incumbia "oficialmente as decisões arbitrais e extraoficialmente a costura de todos os bastidores", segundo cartolas da época.

Em 1950, Abílio assumiu a presidência do clube carioca São Cristóvão, que ele representara como boxeador desde 1937. Logo chegou à Secretaria Geral da CBD/CBF (1956), e rapidamente passou pela Confederação Sul-Americana de Futebol, para, em seguida, entrar oficialmente na FIFA. Morreu em 2001.

estilo do regime nazista. Alguns detentos daquele tempo hoje lembram que durante a noite "sempre morria alguém, seja fuzilado pelos carabineiros de Pinochet, seja por suicídio". Fora esses desenlaces fatais, praticamente todos os que iam parar aí eram torturados. "Era difícil dormir, a gritaria das salas de tortura não parava um instante", relembram os anônimos prisioneiros que saíram com vida. Assim sendo, as notícias do que acontecia no Estádio Nacional correram rápido pelo país e pelo mundo. "É aí que vai ser o jogo revanche da repescagem?", perguntavam-se todos. Os militares respondiam que sim, enquanto cuidavam do gramado mais e melhor do que de qualquer detento, segundo consta em crônicas do jornal *El Mercurio de Santiago*.

Uma comitiva da FIFA, integrada pelo vice-presidente, Abílio d'Almeida, brasileiro, e o secretário-geral, Helmuth Kaeser, suíço, junto ao ministro da Defesa do Chile, almirante Patricio Carvajal, inspecionou o estádio no dia 24 de outubro sem escutar os gritos dos prisioneiros nem observar nada estranho. Questionada, a FIFA se declarava neutra e saudava a "legalidade internacional" com a simples finalidade de "não complicar" e concretizar o jogo naquele

O ESTÁDIO NACIONAL DE SANTIAGO, UM CAMPO... DE CONCENTRAÇÃO

Palco de muitas celebrações, o Estádio Nacional também abrigou as vergonhas de uma nação. Projetado e construído em 1937 pelo arquiteto austríaco Karl Brunner, e inaugurado em 3 de dezembro de 1938, o Estádio Nacional do Chile foi inspirado no Estádio Olímpico de Berlim (sede da Olimpíada de dois anos antes). Foi remodelado para a Copa do Mundo de 1962, que o Brasil venceu em uma final contra a Tchecoslováquia: 3x1 (dias antes, o Brasil derrotara a seleção anfitriã, Chile, por 4x2). Além desse fato esportivo, a arena transformou-se mais tarde em um ícone da ditadura de Augusto Pinochet, porque foi o local de detenção de milhares de dissidentes: somente no primeiro dia de regime chegaram 600 prisioneiros políticos. A maioria dos detentos foi torturada — são famosas as simulações de fuzilamento —, e muitos foram mortos ali mesmo. Chama a atenção o fato do estádio não ter sido demolido: pelo contrário, continua abrigando eventos esportivos — tanto que é o segundo palco que mais hospedou partidas da Taça Libertadores da América. Em 2003, foi declarado Monumento Nacional, e em 2010 ganhou uma nova reforma. Desde então, é chamado Estádio Nacional Julio Martínez Prádanos (jornalista falecido em 2008) e tem capacidade para 48.665 espectadores (originalmente eram 70.000).

campo. Os enviados dizem ter "revisado todos os lugares"... — todos os que os militares mostraram a eles — e não ter encontrado nada "anormal". Os espíritos dos mortos não foram vistos pelos inspetores. Abílio d'Almeida, chefe da missão, disse em bom espanhol: "No se inquieten por la campaña informativa internacional contra Chile, con mi Brasil sucedió lo mismo cuando los militares llegaron al poder; pero luego pasa". Nesse tempo, segundo registro da Cruz Vermelha internacional, no Estádio Nacional, num único dia, ingressaram sete mil reclusos e pelo menos 30 mil chilenos sofreram torturas.

O toque de recolher que imperava nas noites de Santiago, esvaziando as ruas e impedindo que mais de duas pessoas andassem juntas, mostrava que as coisas não estavam normais. No boca a boca do povo e dos correspondentes estrangeiros, o maior foco era o famoso estádio do bairro de Ñuñoa. Quando a FIFA convalidou o Estádio Nacional para o jogo, a ditadura já havia assassinado o compositor popular Víctor Jara, com repercussão internacional, enquanto Pablo Neruda, maior poeta do Pacífico e prêmio Nobel, morria de câncer e de tristeza, sem ninguém em seu enterro, devido a sua histórica filiação ao Partido Comunista. O Chile vivia no caos.

Dezenove dias antes da partida, em 2 de novembro, a URSS enviou uma declaração à FIFA rejeitando a partida, mesmo que isso implicasse na exclusão da nação do torneio: "Por considerações morais, nossos atletas não podem jogar atualmente no Estádio Nacional de Santiago, polvilhado com o sangue dos patriotas chilenos (...). A União Soviética protesta firmemente e declara que, nas atuais condições, contrárias ao senso comum, recusa-se a participar do jogo eliminatório em solo chileno e responsabiliza por isso a administração da FIFA". A resposta de um membro do Comitê Executivo da entidade foi rápida e pouco favorável: "Se o senhor [Valentin] Granatkin [presidente da Federação Soviética] disse que o Estádio Nacional está ocupado com os detentos, nós, aqui, recebemos uma carta na qual o governo chileno afirma que vários dias antes de 21 de novembro ele estará disponível para o jogo". E assim a partida foi mantida.

A comunidade esportiva internacional também não se envolveu. Apenas Bulgária, Polônia e Alemanha Oriental — todas alinhadas à URSS —

> ## O POEMA DA MORTE
>
> Professor, compositor e filiado ao Partido Comunista do Chile, Víctor Jara foi um dos primeiros a protestar publicamente e um dos primeiros a morrer nas mãos da ditadura de Pinochet, apenas cinco dias após o golpe militar. A seguir, alguns parágrafos do último poema que escreveu, quando já era prisioneiro no interior do Estádio Nacional, um dia antes de ser assassinado.
>
> *"Somos cinco mil*
> *nesta pequena parte da cidade.*
> *Somos cinco mil*
> *Quantos seremos no total,*
> *nas cidades e em todo o país?*
> *Somente aqui,*
> *dez mil mãos que semeiam*
> *e fazem andar as fábricas.*
> *Quanta humanidade com fome,*
> *frio, pânico, dor, pressão moral, terror e loucura!*
>
> *Seis de nós se perderam*
> *no espaço das estrelas.*
> *Um morto, um espancado como jamais imaginei*
> *que se pudesse espancar um ser humano.*
> *Os outros quatro quiseram livrar-se de todos os temores,*
> *um saltando no vazio,*
> *outro batendo a cabeça contra o muro,*
> *mas todos com o olhar fixo da morte.*
> *Que espanto causa o rosto do fascismo!..."*

ameaçaram boicotar a Copa do ano seguinte, o que também acabaram não fazendo. Por outro lado, a Federação Chilena solicitou uma indenização econômica se a partida fosse suspensa e ainda ofereceu disputar o jogo decisivo no Estádio Sausalito, em Viña del Mar. Mas, antes de alguém aceitar a proposta, o próprio Pinochet mandou desautorizar a mensagem. Obstinado, ele fazia questão de que a partida fosse no Estádio Nacional, "para mostrar ao mundo que não temos nada a esconder... No Estádio Nacional ou nada". A URSS, por sua vez, declarou que aceitaria enfrentar o Chile se o jogo se realizasse em um país neutro. Sem vacilar, a FIFA se manteve firme em sua determinação.

Aos poucos, o governo chileno esvaziou o estádio, transferindo os prisioneiros para outros lugares de reclusão, especialmente no campo inaugurado na abandonada Salitrera Chacabuco, a 100 km de Antofagasta. Por fim, 48 horas antes do jogo, a arena do Estádio Nacional, onde o Brasil havia se consagrado bicampeão mundial em 1962, estava pronta para a maior farsa da história das eliminatórias das Copas.

Dezoito mil ingressos foram vendidos. O show daquela jornada, batizado mais tarde pela imprensa chilena como "o gol mais triste do Chile", começou com o som de bandas militares para entreter os pagantes — porque jogo não haveria. A URSS não havia desembarcado no país. Avisados, os jogadores chilenos puderam relaxar. Caszély relatou que, durante a espera no hotel antes da "partida", muitas pessoas "se aproximavam, nos pedindo para que olhássemos no estádio se o filho, a esposa, o marido, o pai e o irmão não estavam lá... Foi muito triste".

Mario Silberman, então vice-embaixador chileno em Moscou, relatou anos depois, após a dissolução da União Soviética: "Sempre soube que essa revanche não aconteceria, pois, dias após o primeiro jogo, a União Soviética rompeu relações diplomáticas com o Chile e a embaixada foi desconectada. No mês seguinte, o consulado do Peru assumiu os negócios chilenos na URSS. Foram dias difíceis, tanto que não consegui voltar para casa por mais de um ano".

Na tarde de 21 de novembro de 1973, a esquadra chilena entrou em campo pronta para garantir a vaga na Copa da Alemanha: não haveria time adversário. "Era assustador pisar naquele gramado, sabendo o que havia sucedido ali dois, três dias antes, inclusive com pessoas conhecidas de muitos de nós", disse o jogador Véliz. O juiz (chileno) Rafael Hormazábal apitou o início do jogo: Valdés saiu com Caszély, que tocou para Véliz, que passou para Páez. Este devolveu para Caszély e, conforme combinado no vestiário, o camisa 9 entregou a bola ao capitão Francisco "Chamaco" Valdés, que encarou o gol vazio e converteu. Gol de Pinochet. Como não havia nenhum soviético em campo para reiniciar a partida, o árbitro decretou o fim do jogo, com vitória para o Chile por 1x0. Curioso é que, dias antes, o próprio Valdés tinha ido ao Estádio Nacional para perguntar por um amigo e companheiro, o zagueiro Hugo Leppe, presidente do Sindicato de Futebolistas do Chile, também desaparecido.

Anos mais tarde, Oleg Blokhin desmitificou "a rara fidalguia da liderança soviética" e confessou que a decisão de não se apresentar foi dos jogadores, por questões de segurança, e que o governo soviético simplesmente concordou com eles: “Não sabíamos o que poderia acontecer com a gente; escutávamos que o Pinochet matava a todos os adversários ideológicos, e nós éramos soviéticos...”. Blokhin, que sempre se interessou por política e no início de sua aposentadoria foi deputado federal pelo partido social-democrata da Ucrânia, até 2014 foi treinador do Dynamo de Kiev. Em 2006, comandou sua Seleção na segunda Copa disputada na Alemanha.

Dois meses após a encenação, a FIFA validou a vitória do Chile, mas modificou o placar final: 2x0. Foi assim que o Chile se classificou e a União Soviética ficou de fora do Mundial de 1974. Talvez para comemorar a absurda vitória (e justificar o ingresso pago por aquelas 18 mil pessoas), a ditadura organizou para o mesmo dia uma partida contra o Santos F.C., cujo time se encontrava no Chile (mas sem Pelé) e cobrava cachê de US$ 30 mil. O clube brasileiro venceu por 5x0, deixando claro que o Chile só tinha condições de vencer se não tivesse um rival na frente. De fato, na Copa de 1974, o país não ganhou nenhum jogo: perdeu um e empatou dois. No 0x0 contra a Austrália, inclusive, um grupo de chilenos invadiu o campo para protestar contra Pinochet. E os protestos persistem em todos os 11 de setembro seguintes, quando o povo chileno se divide entre os que choram seus desaparecidos e os que ainda defendem a memória do velho ditador. ●

CHILE 0x5 SANTOS

Aquele quase invencível Santos Futebol Clube praticamente vivia fora do Brasil durante os anos 70 — para o mundo da época, o time representava o que hoje é o Barcelona. O “Peixe” de Pelé substituiu a Seleção da União Soviética naquela partida disputada no Estádio Nacional do Chile após a entrada do General Pinochet no poder. E, como era de praxe, venceu.

LOCAL: Estádio Nacional de Santiago de Chile

JUIZ: Rafael Hormazábal (CH)

PÚBLICO: 18 mil

CHILE: Juan Olivares; Machuca (Páez), A. Quintano, Elías Figueroa e Antonio Arias; Rodríguez, Reynoso, Francisco Valdéz (Yabar) e Ahumada; Caszély e Crisosto (Véliz). Técnico: Luis Alamo.

SANTOS: Agustín M. Cejas (Williams); Hermes, Marinho, Vicente e Roberto (Turcão); Carlos Alberto, Leo (Nelsi) e Edu (Adão); Nenê (Ferreira), Eusébio e Mazinho. Técnico: Pepe.

GOLS: Nenê (21’ e 34’), Edu (25’ e 75’) e Eusébio (29’).

CITAÇÃO

“Nossa Seleção não pertence ao mundo do entretenimento, ela entra no campo da política.”

(1966 – KIM IL SUNG, ditador da Coreia do Norte entre 1948 e 1994, quando cumprimentou sua Seleção antes da Copa do Mundo na Inglaterra, onde foi a grande zebra ao vencer a Itália, empatar com o Chile e se classificar para as quartas de final em sua primeira aparição em Copas da FIFA)

CONTRAPARTIDA III

NEHRU PREMIER INDIANO...

A história começa 14 anos antes, quando a Seleção de Futebol da Índia não participa dos Jogos Olímpicos de Berlim, de que Hitler se apropriou em 1936, e quando Mahatma Gandhi, pensador, político e pacifista indiano, reclamava a independência do país da colonização inglesa. Desde 1888, devido à influência britânica e ao contrário do que se pensa, a Índia praticava o futebol e já disputava um dos troféus mais antigos do planeta, a Durand Cup. Para os seguidores de Gandhi, o silêncio era a maneira de protestar. Assim, o futebol da Índia não participou das preliminares e não foi para a Alemanha nazista, onde seu time de hóquei sobre a grama foi ouro e tricampeão olímpico.

Os Jogos só foram retomados após a Segunda Guerra Mundial, em 1948, justamente em Londres, de quem a Índia obteve a sua suada independência em agosto de 1947. Logo, em janeiro, Mahatma Gandhi foi assassinado por um radical hindu de ultradireita, em Nova Déli. Portanto, sem Gandhi, o primeiro-ministro Nehru — sabendo da repercussão do futebol na terra dos inventores e seus colonizadores — aceitou enviar a Seleção indiana a Londres. Era uma maneira de mostrar ao mundo o novo país independente no melhor cenário possível: o Reino Unido.

Assim, no dia 31 de julho de 1948, a Índia protagonizou um jogo histórico frente à França. Histórico por muitos motivos, mas principalmente por um em particular: o time indiano atuou descalço. Alguns craques protege-

...E SEU ORGULHO DOS CRAQUES DESCALÇOS, AUSENTES EM 1950

ram seus tornozelos, mas outros jogaram com os pés nus. Mesmo confuso, o árbitro sueco Gunnar Dahlner permitiu a realização da partida. A França venceu por 2x1. Aos 70 minutos, Sarangapani Dhanraj Raman marcou o gol de um empate momentâneo que demonstrava que entre os arrumadinhos franceses e os descalços indianos não havia muita diferença. Quando restavam cinco minutos, o zagueiro Sailendra Nath Manna chutou um pênalti para fora e, no lance seguinte, a França, que quase passou o maior ridículo de sua história futebolística, marcou o gol da vitória, eliminando o exótico adversário. A derrota impediu que, na fase seguinte, nas quartas de final, se enfrentassem Índia e Grã-Bretanha — que bateu a França por 1x0. O saldo final não foi positivo para a Seleção de Nehru: a imprensa mundial só falou da equipe que atuou sem chuteiras, sempre num tom pejorativo.

Apenas dois anos depois, no Brasil, retomavam-se as disputas pela Copa do Mundo, e a FIFA, empenhada em ter participantes de todos os continentes, convidou quatro seleções asiáticas para jogar a eliminatória de 1950: Filipinas, Birmânia (atual Mianmar), Indonésia e Índia. Por diversos motivos, as três primeiras desistiram, classificando automaticamente o time indiano. A oportunidade foi recusada por uma questão de orgulho. Na página oficial da FIFA, consta a fria declaração oficial: "A Índia disse não porque a organização já não permitia que os jogadores competissem descalços". Na realidade, o que os indianos queriam era jogar de igual para igual para fazer o melhor papel possível e não mais ser alvo de chacota. Esse igual para igual era atuar como eles sabiam e estavam acostumados, sem chuteiras e pensando na vitória: "se ganhássemos dos ingleses jogando descalços, ninguém voltaria a rir de nós", disse anos mais tarde Sailen Manna, craque do time que enfrentaria Itália, Suécia e Paraguai pelo Grupo 3, com jogos no Pacaembu, de São Paulo, e no Durival Britto, de Curitiba, caso tivessem viajado. "Nehru usou o coração, e seu orgulho e impediu nossa possível façanha: tínhamos uma boa equipe", disse Manna. De fato, nos Jogos Olímpicos de 1956, a Índia alcançou sua máxima expressão conquistando o quarto lugar em Melbourne, Austrália.

Se Nehru fez bem ou não, ninguém sabe. Como líder de seu povo, provavelmente sim, porque preservou sua dignidade ao não querer calçar as chuteiras do Ocidente, sabendo que sem elas os pés nus de seus representantes chamariam mais a atenção do que seu talento e coragem. Mas a Índia nunca mais teve a oportunidade de disputar uma Copa, já que o futebol foi perdendo importância no país, e suas Seleções foram caindo — sempre — nas fases classificatórias, como sucedeu para o Mundial de 2014. ●

OS INDIANOS QUE NÃO PUDERAM PARTICIPAR, SEM CHUTEIRAS, EM 1950, FORAM OS MESMOS QUE ATUARAM NOS JOGOS OLÍMPICOS DE LONDRES EM 1948

Os goleiros Sanjeeva Uchil, do Clube ICL Bengal, e K. V. Varadaraj, do Mysore; os zagueiros Talimeran Ao, do Clube Mohun Bagan, A. S. Basheer, do Mysore, Papen, do ICL Bengal, Sailendra Manna, do Mohun Bagan AC., e Taj Mohammed, do East Bengal; os meio-campistas Mahabir Prasad, do clube East Bengal, Anil Nandy, do Eastern Railway SC, B. N. Vajravelu, do Mysore, e S. M. Kaiser, do East Bengal; e os atacantes K. P. Dhanraj, do Clube Mysore, Robi Das, do Bhawanipore Club, Ahmed Mohamed Khan, do Mysore, Sahu Mewalal, do East Bengal, Shantosh Nandy, do Eastern Railway SC, Balaram Parab Ramachandra, do ICL Bengal, e Sarangapani Raman, do clube Mysore. O treinador era Balaidas Chatterjee.

Eles não foram os primeiros a jogar descalços na Europa. O também indiano Mohammed Salim, em 1936, o fez pelo Celtic Glasgow, da Escócia, sendo a primeira estrela de seu país a atuar no Velho Mundo.

CAPÍTULO IV

O HOMEM QUE AMAVA DEMAIS

Amava seu clube e, por negar-se a trocar de camisa, passou cinco anos prisioneiro num gulag na Sibéria — submetido a trabalhos forçados —, perdeu a chance de disputar três Mundiais e de concorrer, com Pelé, ao título de melhor jogador na Copa de 1958. O caso de Eduard Streltsov (Moscou, 1937-1990), além de ser um drama humano e uma agrura esportiva, mostra como funcionava o terrorismo de Estado na União Soviética.

Primeiro, é preciso dizer que os clubes Torpedo e Spartak de Moscou representavam, na época da União Soviética (1922-1991), a oposição silenciosa ao regime comunista que impôs o terrorismo de Estado. Silenciosa? Não. Nos clássicos da cidade, contra o CSKA e o Dynamo, os times do Exército Vermelho e da polícia secreta KGB, respectivamente, seus torcedores cantavam: "Bei militsia!!!" ("Peguem os policiais!!!, peguem os soldados!!!"). E o estádio virava um caldeirão, coisa impossível de acontecer nas ruas. Segundo, deve-se falar que o protagonista desta história — Eduard Streltsov — foi o maior ídolo do Torpedo, o clube do sindicato de fabricantes de automóveis, assim como o Spartak era, e é, o "time do povo" e o Lokomotiv representava o grêmio dos ferroviários, todos atuantes na atual capital russa.

Aqueles que viram Eduard Streltsov jogar bola na União Soviética não duvidam: ele era tão bom quanto Pelé. Streltsov, quando pequeno, idolatrava Grigory Fedotov, autor de 100 gols na liga soviética, que, já aposentado e depois de vê-lo atuar, lhe disse: "Você sabe, Eduard, eu também costumava jogar bem, sim, mas nem perto do que você faz. Sou seu grande admirador". Sua manobra clássica em campo era o toque de calcanhar, tanto que hoje essa jogada leva seu nome na Rússia. Para certos críticos europeus, se Eduard Streltsov tivesse atuado na Copa de 1958, ofuscaria Pelé e a União Soviética ganharia o título Mundial. Um deles disse: "O Brasil não teria levado a Copa sem Pelé: foi isso o que aconteceu com a União Soviética".

Já sabemos que o melhor jogador é aquele que o treinador coloca no banco de reservas, o que não joga. Também sabemos que a maior promessa é aquela que o clube transferiu cedo demais, e que o campeão nunca é o time que melhor jogou no torneio. Sim. Mas parece que o caso Streltsov garante alguma verdade a todo esse folclore que desenha um segundo esporte, aquele do "e se...". A Russiapedia conta que "Eduard Anatolyevich Streltsov nasceu em Perovo, nos arredores de Moscou, em 21 de julho de 1937. Seu pai era carpinteiro, e sua mãe trabalhava em uma creche. A família se separou logo após Eduard nascer, e sua mãe, Sofía, padecia de severos problemas cardíacos. No entanto, isso não impediu Eduard de revelar o seu talento no futebol. Com 13 anos de idade, ele se juntou ao Fraser, time de futebol de operários (...). Três anos e meio depois, as autoridades da fábrica de automóveis ZIL — famosa por seus tratores e caminhões populares e pelas limusines dos hierarcas 'do Partido' — assinaram o passe do atacante de 16 anos para o 'seu' Torpedo, time de coração do garoto e da primeira divisão de futebol da URSS".

O técnico Nikolai Morozov o fez estrear na equipe superior do Torpedo em 1953, com 16 anos, e ele agradeceu marcando quatro gols naquele jogo. No ano seguinte, Eduard se tornou o mais jovem artilheiro a fazer um gol na primeira divisão. Com 18 anos, em 1955, debutou na Seleção soviética. Aí confirmou quem era: em 45 minutos meteu um *hat-trick* — três gols — na Suécia, em Estocolmo, enfeitando a vitória de 6x0 e fazendo delirar jornalistas e torcedores. Um ano mais tarde, em 1956, Streltsov foi o primeiro convocado para representar os soviéticos nos Jogos Olímpicos de Melbourne, na Austrália, onde levaram a medalha dourada. Na fase preliminar, os soviéticos venceram a Alemanha Ocidental por 2x1; nas quartas de final, bateram a Indonésia por 4x0 (em desempate, após a partida terminar em 0x0); já nas semifinais, aplicaram 2x1 na Bulgária e, na final, ganharam da favorita Iugoslávia por 1x0. Aí começaram os percalços do jovem craque.

Contra a Bulgária, outro time fantástico que havia goleado o Reino Unido por 6x1, a URSS começou perdendo de 0x1. O lateral-direito Nikolay Tyschenko fraturou a clavícula, e Ivanov machucou a perna, mas Streltsov cravou um golaço, e, quatro minutos mais tarde, seu colega e amigo Boris Tatushin selou o caminho para a final. "Ganharam 9 contra 11", disse um repórter; "Sim, mas Streltsov estava do lado dos nove...", respondeu o treinador búlgaro.

Streltsov era a estrela do Torpedo, o clube dos fabricantes de automóveis e do sindicato Trudovye Rezervy, algo como "A Reserva de Trabalho", que reunia operários e estudantes das escolas técnicas do país. Não era do clube do Exército Vermelho — o CSKA Moscou —, nem do clube da polícia secreta KGB, chamada na época de NKVD — o Dynamo também moscovita; nem sequer era fã do Spartak, seu principal rival, conhecido como "o time do povo" e de Leonid Brezhnev — presidente da União Soviética entre 1977 e 1982. E pior, Streltsov se dizia fanático do Torpedo e costumava tirar sarro dos times queridinhos dos hierarcas. Para entender melhor a história, cabe assinalar que, naqueles anos, a maioria dos clubes soviéticos deixava o Dynamo e o CSKA vencerem, para evitar represálias.

Bem, a URSS estava para jogar a final olímpica contra a favorita Iugoslávia — que fez 9x1 nos Estados Unidos —, quando o treinador Gavriil Dmitriyevich Kachalin recebeu a ordem de escalar apenas craques do CSKA e do Dynamo para a futura seleção campeã. "Nem sequer Streltsov posso convocar?", perguntou o técnico. "Nem ele — responderam —, assim aprende onde tem que jogar se quiser glória." Nessa época, na União Soviética só se jogava pela glória: o dinheiro era para os líderes do Partido. A ordem era

PARA ENTENDER MELHOR: CIRCUNSTÂNCIAS, TEMPO E LUGAR

URSS, em russo CCCP, significa União das Repúblicas Socialistas Soviéticas, ou apenas União Soviética. Foi um Estado socialista vigente entre 1922 e 1991, aglutinando várias repúblicas soviéticas subnacionais, governado por um regime monopartidário, o PC (Partido Comunista), e centralizado no comando de Moscou, atual capital da Rússia.

A Revolução Russa de 1917, que põe fim à autocracia imperial czarista, é o gérmen da URSS. Após a revolta, os bolcheviques, liderados por Vladimir Lenin, derrubam o governo provisório e começam uma guerra civil. O Exército Vermelho aproveita para invadir vários territórios do antigo Império Russo e ajudar os diversos comunistas locais a tomar o poder. Em 1922, após a vitória bolchevique, cria-se a União Soviética, unificando a Rússia com as Repúblicas da Ucrânia, Bielorrússia e Transcaucásia (Armênia, Geórgia e Azerbaijão). Em 1924, depois da morte de Lenin, Joseph Stalin inicia um regime de economia planificada, industrializando o país e coletivizando a sociedade, porém, sob um sistema autoritário.

No início da Segunda Guerra Mundial, a fim de evitar um confronto, a União Soviética assina um pacto de não agressão com a Alemanha nazista, que dura até 1941, quando os alemães invadem o território da URSS. Só com a intervenção bélica soviética, que precisa se defender, é que Berlim cai, em 1945, acabando com o nazismo. Mas os territórios que a URSS conquista na Europa Central e Oriental — como a Iugoslávia — se tornam Estados satélites do chamado Bloco Oriental (a "Cortina de Ferro"), iniciando-se o longo período da Guerra Fria.

Após a morte de Stalin, em 1953, suaviza-se o regime, e a URSS lança vários dos mais significativos avanços tecnológicos do século XX, incluindo o primeiro satélite artificial e o primeiro voo espacial tripulado na história, dando início à corrida espacial. Na década de 1970, há um relaxamento das relações internacionais, até a invasão soviética do Afeganistão, em 1979, que debilita economicamente o regime. Assim, nos anos 80, o último líder soviético, Mikhail Gorbachev, tenta reformar o país com a introdução das políticas Glasnost e Perestroika, mas encaminha o processo para seu final. Só as repúblicas bálticas (Letônia, Estônia e Lituânia) e a Geórgia apoiam a preservação da URSS. Todos os demais países satélites, como Romênia, Polônia e Bulgária, iniciam uma nova era de liberdade, encerrando seu ciclo de influência comunista.

Em agosto de 1991 fracassa uma tentativa de golpe de Estado contra Gorbachev, que leva o presidente russo Boris Yeltsin a proibir o Partido Comunista. É o fim. Em 25 de dezembro de 1991, Gorbachev renuncia, e doze repúblicas se declaram independentes. Da URSS, finalmente, surgem 14 países diferentes: Armênia, Bielorrússia, Estônia, Geórgia, Cazaquistão, Quirguistão, Lituânia, Letônia, Moldávia, Rússia, Tajiquistão, Turcomenistão, Ucrânia e Uzbequistão. No entanto, outros se dividem, como a Tchecoslováquia em República Tcheca e Eslováquia, a Iugoslávia em Sérvia, Croácia, Bósnia-Herzegovina, Eslovênia, Montenegro, Kosovo e Macedônia, e a Alemanha volta a se unificar com a queda do Muro de Berlim, em 9 de novembro de 1989.

mais ampla ainda, o time deveria ser escalado com a mesma quantidade de craques de um e de outro clube do governo: cinco do Dynamo, com Lev Yashin, o grande goleiro, no topo; cinco do CSKA, com o zagueiro Boris Kuznetsov como estrela, e o undécimo, Igor Netto, o grande capitão do Spartak (time do povo), única exceção.

A URSS venceu por 1x0 e festejou, no estádio Olympic Park de Melbourne, diante de 86.716 espectadores, o primeiro título da história soviética... sem Streltsov. O craque do Torpedo, por essa ordem, não jogou na final. E, por isso, não recebeu a medalha de ouro que, por regulamento da época, era reservada apenas para aqueles onze que estiveram em campo na final. Nikita Simonyan, que o substituiu naquele dia — e, no início do século XXI, foi vice-presidente da União Russa de Futebol —, relata que ofereceu a medalha para Streltsov, porque ele a merecia por ter jogado todas as outras partidas. Mas a grande promessa não a quis: "Não se preocupe, Nikita, ganharei outras no futuro".

Eduard, com seus 19 anos, efetivamente não se importou com isso, mas quis demonstrar com futebol que ele era mais do que os hierarcas. Assim, nos meses seguintes, construiu o que os habitantes detrás da "Cortina de Ferro" conhecem como "Os 100 dias de Streltsov". De 21 de julho até 26 de outubro de 1957, em pouco mais de três meses, ele marcou 22 gols para o Torpedo, tornando-o vice-campeão. A prestigiosa revista *France Football*, que outorga os prêmios Bola e Chuteira de Ouro na Europa, o classificou como o sétimo melhor jogador do continente. Um sucesso? Não, sua condenação.

Em 1958, os cartolas do campeão Dynamo Moscou lhe propõem jogar para eles, garantindo, claro, a titularidade na Seleção, na Copa desse ano, na vizinha Suécia, comandada pelo treinador "de sempre", Gavriil Kachalin, integrante incondicional do Dynamo ao longo da história. O garoto vivia seu melhor momento. Dias antes, Streltsov disputara uma partida, recuperando-se de uma lesão, com claras evidências de dor e um atestado do médico Oleg Belakovsky, apontando que ele não estava em condições de atuar. Mas Streltsov jogou como os deuses, tanto que Kachalin lhe disse no vestiário: "Gente com duas pernas saudáveis não consegue jogar do jeito que você fez com uma".

Naquela época, a Seleção da União Soviética era conhecida como "os cientistas da bola", porque sabiam o que fazer com ela e a cada jogo descobriam algo novo. Realmente praticavam um futebol científico, de laboratório, programado, rápido, com muita disciplina tática, vigor físico e talento. Ivanov, Metreveli, Meskhi, Ilyin e Ponedelnik, entre outros: todos eram "gente grande" na hora de entrar em campo. Esse time, em 1960, conquistou a Copa da Europa, com gol de Ponedelnik, o primeiro jogador de um clube da segunda divisão convocado para a Seleção soviética. Ademais, Streltsov foi o artilheiro do campeonato, em 1957, e a estrela soviética nas eliminatórias — venceram por 10x0 a Finlândia em Helsinque, entre outras vitórias mais normais — para a Copa da Suécia, que o Brasil ganharia um ano depois.

"BOLA DE OURO" 1957: STRELTSOV FOI O SÉTIMO MAIS VOTADO

A melhor demonstração do talento de Streltsov aconteceu um ano antes de ser "aniquilado em vida" pelo Soviet Supremo: em 1957, a revista *France Football* o incluiu na lista dos candidatos a ganhar o Ballon D'Or. O centroavante ficou em sétimo lugar com 20 anos, atrás de feras do futebol mundial e na frente de dois ídolos soviéticos, Lev Yashin e Igor Netto:

1. Alfredo Di Stefano (Argentina-Espanha, Real Madrid), 72 pontos.
2. Billy Wright (Inglaterra, Wolverhampton), 19 pontos.
3. Raymond Kopa (França, Real Madrid) e Duncan Edwards (Inglaterra, Manchester United), 16 pts.
5. Laszlo Kubala (Hungria-Espanha, FC Barcelona), 15 pontos.
6. John Charles (Gales, Juventus de Turim), 14 pontos.
7. Eduard Streltsov (URSS, Torpedo Moscou), 12 pontos.
8. Tommy Taylor (Inglaterra, Manchester United), 10 pontos.
9. Jozsef Bozsik (Hungria, Honved) e Igor Netto (URSS, Spartak Moscou), 9 pontos.
11. Lev Yashin (URSS, Dynamo Moscou), 8 pontos.
12. Gyula Grosics (Hungria, Tatabánya) e Francisco Gento (Espanha, Real Madrid), 7 pontos.
14. Bora Milutinovic (Iugoslávia, Partizan Belgrado), Danny Blanchflower (Irlanda do Norte, Tottenham Hotspur) e Juan Alberto Schiaffino (Itália-Uruguai, Milan AC), 4 pontos.
17. Stanley Matthews (Inglaterra, Blackpool Rovers), Johnny Haynes (Inglaterra, Fulham) e Gerhard Hanappi (Áustria, Rapid Vienna), 3 pontos.
20. Sandor Kocsis (Hungria, Young F. Zurich) e Horst Szymaniak (Alemanha Fed, Wuppertal), 2 pts.
22. Kurt Hamrin (Suécia, Padova Itália) e Ladislav Novak (Tchecoslováquia, Dukla Praga), 1 ponto.

Em maio de 1958, o universo que recepcionaria Streltsov como um novo Yashin — ídolo soviético desde 1952, conhecido como "Aranha Negra" e considerado o melhor goleiro da história — desaba. Eduard respondeu aos cartolas que só jogaria pelo Torpedo, que não aceitaria ser transferido para o Dynamo. Nada poderia ter ofendido mais a cúpula do Exército Vermelho do que essa negativa. Do ponto de vista deles, isso era uma ofensa irreparável. O grande Lev Yashin disse isso ao garoto, tentando convencê-lo. Mas, rebelde, Streltsov sentia-se um James Dean do Oriente — de fato penteava seu cabelo como o ícone hollywoodiano e o cortava de modo pouco convencional, fugia dos padrões clássicos comunistas. Yashin não o convenceu. E Streltsov tampouco aceitou ser transferido ao CSKA, time da KGB, a famosa polícia secreta, opção que também lhe ofereceram. "Eu só defendo a camisa que amo, a do Torpedo... e tanto quanto isso eu gosto de fazer gols no Dynamo e no CSKA", foi sua provocadora resposta para as ofertas.

Dias depois, numa festa montada na dacha do oficial militar Eduard Karakhanov, supostamente comemorando seu retorno do Extremo Oriente, Streltsov se reuniu com seus colegas Boris Tatushin e Mikhail Ogonkov e, entre vodkas e risadas, o craque se retirou para a praia com Marina Lebedeva, uma bela garota de 20 anos. Na manhã seguinte, foi detido sob a terrível acusação de estupro. Na mesma tarde, o jovem, que faria 20 anos na Copa da Suécia, assinou a confissão e derreteu seu sólido futuro. Existem duas versões para o episódio. Uma diz que o torturaram, e a outra que prometeram a convocação para o Mundial se assinasse, porque com isso "o problema terminava...". Streltsov foi condenado a 12 anos de prisão, embora jamais se comprovasse "verdadeiramente" sua culpa.

Kachalin, o treinador, pediu que o processo fosse suspenso até o fim do Mundial, mas foi informado de que "a causa não tinha retorno e que o próprio Nikita Khrushchev, primeiro-secretário do Partido Comunista, teria ordenado sua prisão e julgamento", disse o historiador Axel Vartanyan. Na época, foram exibidas fotos de uma jovem machucada, no hospital, teoricamente Marina Lebedeva, e uma imagem do craque, no imediato julgamento, com o rosto arranhado. "Se houve violação, quem violou a quem é difícil dizer,

PEQUENO E NECESSÁRIO GLOSSÁRIO RUSSO-SOVIÉTICO

CORTINA DE FERRO: é um termo que surgiu do discurso do ex-primeiro-ministro britânico Winston Churchill, em 1946, para designar a divisão da Europa em duas partes, a Oriental e a Ocidental, no pós-Segunda Guerra Mundial. Durante esse período, a Europa Oriental foi controlada pela União Soviética, enquanto a Ocidental foi influenciada e protegida pelos Estados Unidos.

DACHA: casa sazonal, de verão, sempre perto da cidade (o sítio dos brasileiros). Normalmente, são cabanas de madeira, de dois andares, com horta e jardim. As dachas nasceram no século XVIII, quando o imperador Pedro I deu lotes de terra a amigos e familiares ao redor da bela e recém-construída St. Petersburgo, então capital russa. A palavra dacha vem do russo e significa "para dar". A partir de 1930, o Politburo só concedia dachas para altos funcionários do governo e personalidades ilustres do campo cultural ou científico. Nessa época comunista, foi considerada um dos três elementos essenciais do bem-estar econômico: flat, carro e dacha. Na "temporada dacha" — verão —, as estradas de Moscou ficam paralisadas pelo retorno de dachniki (o domingo de dacha). É típico passar a semana do feriado do Ano-Novo nelas.

GLASNOST: significa transparência e foi instituída no fim da "Cortina de Ferro", quando o governo de Mikhail Gorbachev visava à liberdade de expressão da sociedade soviética, silenciada e desinformada por mais de meio século.

GUERRA FRIA: foi a expressão usada para definir a tensa paz da pós-Segunda Guerra Mundial entre os Estados Unidos e a União Soviética, quando se atacavam ideológica, econômica, política, psicológica e socialmente. É a época dos grandes espiões. E dos grandes paranoicos.

GULAG: "Campo Corretivo de Trabalho", denominação sugerida pelo Partido Comunista do Politburo da URSS para uso oficial, em 27 de julho de 1929, em substituição de "Campo de Concentração", até então o termo mais usado. Na burocracia do Soviet, era uma "Administração Geral dos Campos e Colônias de Trabalho Correcional", mas não passava de um sistema carcerário de trabalhos forçados para criminosos, presos políticos e qualquer cidadão que se opusesse ao regime (antes da Revolução, nos tempos do império czarista — que também criminalizava heresias religiosas —, o Gulag chamava-se Katorga). Para a ONU eram Zeka ou Zek, "encarcerado" em russo.

KGB: Komitet Gosudarstveno Bezopasnosti (em português, Comitê de Segurança do Estado); na prática, polícia secreta.

KREMLIN: em tradução literal, quer dizer fortaleza, mas é um termo utilizado para definir o poder incontestável que surgia do prédio do Kremlin, em Moscou, onde estava sediado o governo comunista soviético.

PERESTROIKA: significa reconstrução e consistia na tentativa de recuperação soviética, processo que culminou no fim do regime comunista, da União Soviética e da Guerra Fria.

é uma história sombria", declarou um colega. A montagem foi muito bem feita, pois era necessário acalmar os protestos do sindicato de trabalhadores da indústria automobilística, do Torpedo, e evitar que outros sindicatos se somassem à gritaria: é bom recordar que, então, as conquistas esportivas eram o maior motivo de orgulho do povo soviético.

Sabe-se que o jovem craque disse outro "não" inadequado naqueles tempos, fato que explicaria a intervenção de Nikita Khrushchev no caso: no próprio Kremlin, na festa de recepção pelo título olímpico, Streltsov — publicamente — recusou a mão da apaixonada Svetlana, filha de Yekaterina Furtseva, então ministra da Cultura e, mais do que isso, provavelmente a mulher mais influente na política soviética e a primeira a ser admitida no Politburo do Comitê Central do Partido Comunista — houve apenas duas mulheres eleitas membros de pleno direito do Politburo: ela, entre 1957 e 1961 (suicidou-se em 1974), e, no fim da Perestroika, Galina Semyonova, de 1990 a 1991. Conta a lenda que Eduard teria dito à obcecada Svetlana, de inocentes 16 anos: "Jamais me casarei contigo, menina demais e cara de macaco... antes prefiro ser enforcado". A mãe influente prometeu vingança. Logo o craque casou-se com outra garota mais velha, dois dias antes de um amistoso com a Romênia, contrariando o pedido do treinador de fazê-lo após o jogo. O Politburo criticou duramente essa atitude: "É um irresponsável, está claro que o Torpedo não consegue formar os esportistas que queremos".

Assim, enquanto a União Soviética viajava para a Suécia, onde perdeu de 0x2 para o Brasil — naquele 15 de junho, Pelé e Garrincha jogaram juntos pela primeira vez em uma Copa — e logo foi eliminada pelos anfitriões, Eduard Streltsov, a grande promessa, era enviado para um gulag na Sibéria, mil quilômetros ao nordeste da capital Moscou. Seus colegas daquela festa na dacha, Mikhail Ogonkov e Boris Tatushin, também foram excluídos da Seleção e do Mundial porque não testemunharam contra Streltsov.

Os jornais soviéticos, controlados pelo poder, foram proibidos de falar do craque ou de reclamar de sua ausência na Seleção. Em 1961, na preparação do Mundial do Chile, a equipe soviética visitou Buenos Aires, onde derrotou a

Argentina por 2x1. Um jornalista que acompanhava a delegação falou sigilosamente sobre o caso Streltsov com o locutor esportivo José Maria Muñoz (naqueles tempos, o Galvão Bueno portenho), que comentou a situação na sua Rádio Rivadavia, mas, claro, sem repercussão nenhuma. Aquela denúncia apenas serviu para que este cronista soubesse, pela primeira vez, da atrocidade.

No livro "Gulag: Uma história dos Campos de Prisioneiros Soviéticos", da historiadora americana Anne Applebaum (Ediouro, 2004), há um apêndice que quantifica o terror imposto por Vladimir Ilyich Lenin, presidente do Conselho de Comissários do Povo da União Soviética — imitando Robespierre, o principal pensador da Revolução Francesa —, em seus campos de trabalho forçado: segundo dados do próprio sistema — isto é, estatísticas da NKVD, sucessora da Cheka e antecessora da KGB —, o número de prisioneiros cresceu de 200 mil em 1930 para 2,5 milhões no momento da morte de Joseph Stalin — sucessor de Lenin —, em 1953. Muitos morreram, poucos escaparam, alguns se autotraíram e se incorporaram ao Exército Vermelho, e outros tantos desapareceram. A taxa de mortos alcançou seu máximo de 25% em 1942, e decaiu para menos de 1% em

ARQUIVOS PARALELOS: O ESPORTIVO E O POLICIAL

Eduard Streltsov, o grande craque do Torpedo de Moscou, fez 99 gols em 222 jogos — entre 1953-1958 e 1965-1970 —, mas tem um recorde ainda melhor na Seleção da União Soviética: 25 gols em 38 partidas. Era alto, 1,82 m, esbelto — pesava 76 kg —, jogava da metade do campo para a frente, tinha um excepcional toque de bola, drible vertical e um potente chute de meia distância: uma de suas marcas registradas, tanto quanto os passes de calcanhar. Audaz, corajoso, cheio de personalidade e convicto de que seu talento era raro, jogava contra os times do governo com vontade de ganhar, naqueles tempos de terrorismo de Estado.

Seu arquivo estatístico esportivo poderia ser ainda melhor se não houvesse manifestado sua rebeldia juvenil e sua ânsia por liberdade, como consta em outro arquivo, o da polícia. Nele há uma ficha onde se lê: "Segundo uma fonte verificada, Streltsov disse a seus amigos, em 1957: 'sempre que retorno à URSS após uma viagem ao exterior, sinto pena, gostaria de não voltar'; isso significa que ele vai desertar a qualquer momento". A imprensa ocidental europeia alimentava essa ideia e, sem pensar que podia prejudicá-lo, publicava que clubes da França e da Suécia tinham interesse em contratá-lo. Esse arquivo, a rejeição à filha da ministra e, principalmente, seu amor incondicional ao Torpedo foram sua ruína.

1950. É possível que, no total, 2,7 milhões de cidadãos soviéticos tenham morrido no sistema dos gulags. Streltsov, pelo menos, não engrossou essa estatística.

Ele recuperou sua liberdade cinco anos mais tarde, por boa conduta e graças aos esforços do diretor do gulag, que torcia pelo Torpedo e idolatrava Streltsov — ele o manteve quatro meses no hospital, alimentando-o melhor que aos demais, para aproveitá-lo no time da prisão, onde, claro, foi campeão. Mesmo com os rins comprometidos, Streltsov recuperou também o direito de jogar bola. É desnecessário dizer que só voltou a calçar as chuteiras porque permitiram que atuasse pelo Torpedo. Quem, pessoalmente e em grande gesto, revogou a proibição foi Leonid Brezhnev, que era torcedor do Spartak. Sua condição física nunca mais foi a mesma, mas craque é craque, tanto que seu retorno ao Torpedo levou o clube à conquista de seu segundo título, em 1965, e do terceiro, em 1968. Para os torcedores, foi chocante ver, por exemplo, que ele tinha perdido quase todo o cabelo durante os anos de prisão. Mas não a classe. Por isso, foi novamente requisitado pela Seleção soviética, recém-vencida na Copa do Chile, em 1962, e às vésperas do Mundial da Inglaterra de 1966.

Outra vez os cartolas do Dynamo o assediaram: "Se você jogar com a gente, você vai para a Copa da Inglaterra". E, novamente, o craque respondeu: "Eu sou do Torpedo e só jogarei pelo Torpedo; se antes errei me prejudicando, agora sei que é a coisa certa, porque nada mais tenho a perder; já perdi tudo". Imediatamente, o próprio Partido Comunista o proibiu de participar da Copa do Mundo de 1966, na qual a URSS chegou até as semifinais. No *Pravda*, o jornal de maior tiragem do mundo na época, surgiu a explicação: um ex-prisioneiro não tem direito

EM NOME DO PAI...

Na maioria das línguas e culturas, os sobrenomes seguem a linhagem do nome do patriarca familiar. Em russo, os sufixos "ov", de Streltsov, e "ev" indicam a qual família pertence a pessoa; assim, Eduard pertencia à família Strelts, como Mikhail Gorbachev (líder da Perestroika e da Glasnost soviética) pertence à família Gorbach. Esclarecimento: os sobrenomes masculinos terminam com "ov" ou "ev", já os femininos concluem em "ova" ou "eva", como é o caso das tenistas Anna Kurnikova e Elena Dementieva, que pertencem às famílias Kurnik e Dement, respectivamente.

de defender a camisa vermelha com a sigla CCCP (em russo, o que para nós é URSS) no peito. E caso encerrado.

Nos dois anos seguintes, 1967 e 1968, Eduard foi nomeado "Jogador do Ano" da União Soviética e, sem Copas pela frente, voltou a ser convocado para a Seleção, para enfrentar o novo Campeão do Mundo, a Inglaterra, no mítico estádio de Wembley. Naquele empate de 2x2, Streltsov foi considerado, por todos, um dos melhores em campo. É desse jogo que ele guarda a última lembrança como jogador: "O gramado de Wembley foi a melhor coisa em que eu já pisei".

Sua despedida do Torpedo aconteceu em 1970. Logo passou a treinar as divisões de base do clube, que precisou limitar as inscrições: todos os pais queriam que seus filhos fossem treinados pelo "Pelé russo", como o batizou definitivamente a imprensa europeia – a FIFA o incluiu na lista dos "Top 50 do Século XX". No ocaso, também atuou, como "ganha-pão", na Seleção de veteranos da União Soviética, a Máster. Mas sua vida era o Torpedo, aonde ia diariamente até morrer de câncer de garganta, em julho de 1990, em Moscou – um dia depois de fazer 53 anos –,

O GRANDE CULPADO

O clube Torpedo, de Moscou, fundado em 1930 e cujo estádio, batizado Eduard Streltsov, tem capacidade para 13.500 pessoas, atualmente joga na segunda divisão. Mas já foi campeão soviético três vezes (1960, 1965 e 1976), levantou a taça da URSS em seis oportunidades (1949, 1952, 1960, 1968, 1972 e 1986) e venceu a Copa da Rússia em uma ocasião (1993). Seu uniforme é branco com detalhes pretos, com um "T" destacado acima do coração. Aliás, nos últimos anos, perdeu seu estádio, inaugurado em 1959, por dívidas e má administração. Hoje o campo é utilizado pelo clube Moscou, enquanto o Torpedo é mandante no campo Luzhniki.

Sempre foi o time da indústria automobilística soviética, do sindicato de seus trabalhadores e dos estudantes de escolas técnicas. É um dos mais tradicionais do país, e seu grande inimigo é o Spartak, também de Moscou. Além de Torpedo, já teve outros nomes: AMO, ZIS e Torpedo-Luzhniki. E em 1998 retomou seu nome original.

"Caímos na segundona — dizem os torcedores — porque somos puros e não nos vendemos para nenhum magnata", em clara alusão aos novos ricos russos que adquirem clubes na Inglaterra e no resto do mundo. Esse amor irrefreável que o Torpedo desperta foi o que levou Streltsov a perder quase seis anos de liberdade, a chance de jogar três Copas do Mundo e muita glória. Mas ele nunca perdeu a dignidade: obviamente, o estupro foi uma armação.

coincidentemente, três meses após o falecimento do lendário Yashin. Agonizando, pela última vez ele jurou sua inocência a sua esposa. Que descanse em paz.

Na atualidade, há muitos lutando para que as acusações de estupro sejam retiradas postumamente, como uma maneira de limpar seu nome. Dentre eles, o político Yury Luzhkov, prefeito de Moscou de 1992 a 2010, e o enxadrista Anatoly Karpov, campeão do mundo entre 1975 e 1999, ambos fundadores do "Comitê Streltsov", em 2001, cujo propósito é restaurar a reputação do antigo craque perante a justiça russa e o mundo todo. "Por causa dessa terrível condenação, Streltsov não conseguiu ser reconhecido como o melhor futebolista do mundo; ele teria sido mais do que Pelé", disse Karpov, enquanto outros se perguntavam: "Ele era outro Pelé ou um simples Paul Gascoigne?", em referência ao brilhante, mas desequilibrado, craque inglês dos anos 90.

Naturalmente, nem todo mundo põe a mão no fogo por Streltsov. Nikita Simonyan, seu substituto na final da Olimpíada de Melbourne, aquele que lhe ofereceu a medalha, deixou dúvidas na sua declaração: "É uma coisa misteriosa. Ele escreveu para sua mãe dizendo que estava levando a culpa de outra pessoa. Mas, ainda quando penso que foi o sistema que puniu Streltsov, não sei com certeza se houve um estupro, sei que ele e a menina dormiram juntos. Ele era jovem, solteiro, muito solteiro...". São as mesmas dúvidas que qualquer um, hoje, tem com o caso Mike Tyson. De todo modo, pelo prestígio de Karpov e pelo poder de Luzhkov — além de patrocinador político do atual presidente, Vladimir Putin, possui 11% dos novos imóveis de Moscou —, é bem provável que o comitê consiga fazer justiça. Alguma coisa já foi realizada: no final do século passado, o clube Torpedo levantou um monumento a Streltsov, na entrada do estádio que também leva seu nome. Há pouco tempo, o Banco Central da Rússia emitiu uma moeda de dois rublos com sua imagem. Streltsov pode ter morrido, mas a ideia de justiça, não.

O craque foi enterrado no chamado canto dos escritores, no cemitério Vagankovskoye, de Moscou. Lê-se numa crônica: "A suposta vítima, Marina Lebedeva, foi flagrada no túmulo de Streltsov, em 1997, colocando flores no dia seguinte à cerimônia anual do aniversário de seu falecimento". Sem dúvida, um estranho caso de amor.

CONTRAPARTIDA IV

AL-SAADI KADAFI...

A Líbia nunca disputou uma Copa. Mesmo contratando um treinador campeão mundial: Carlos Salvador Bilardo, consagrado com a Argentina, em 1986, no México. Sem tradição esportiva, o país viveu uma das ditaduras mais repressoras da segunda metade do século passado. E reprimiu até o talento de seus craques. A ditadura de Muamar Kadafi durou 42 anos, de 1969 até 2011, quando foi assassinado pelo povo nas ruas. A atrapalhada história futebolística parece ridícula, mas é real.

Muamar teve todos os defeitos da maioria dos déspotas, mas fez de tudo pelos filhos. Abastecido pelo petróleo, fez do luxo e das brigas um modo de vida. Não se privou de nada, ou quase nada. Porque a Líbia, efetivamente, nunca participou de uma Copa do Mundo. Mas Kadafi almejava isso? Não. Em seu famoso "Livro Verde", escreveu: "Os fãs de futebol são completos idiotas, ao ponto de levar para o campo todas as suas frustrações e dificuldades. São pessoas malsucedidas". Só que seu filho Al-Saadi queria, sim. Mais do que isso, seu sonho era jogar para a Líbia em um mundial. Não apenas pela projeção internacional que isso daria ao país, mas principalmente porque desejava ser o Pelé da Líbia. Sonhava entrar para a história como autor de um gol líbio num Mundial.

Nascido em 25 de maio de 1973, Al-Saadi Kadafi ocupou os cargos de comandante das Forças Armadas e de presidente da Federação de Futebol —

...O DINHEIRO NÃO PODE TUDO, E ÀS VEZES NADA CONSEGUE

suspendeu e rebaixou times, anulou jogos, cassou juízes e até mudou as cores de alguns clubes. Mas sempre se definiu como jogador de futebol. Não foi um total perna de pau, mas não era nenhum Neymar. Os problemas apareceram quando se tornou profissional. A partir de 1969 — e esta é a história risonha e bisonha —, quando seu pai Muamar tomou o poder, algumas coisas mudaram na Líbia. Entre elas, as transmissões esportivas de rádio e televisão.

O líder percebeu que o povo gostava de futebol e começava a ter ídolos, jogadores que dividiam a fama com ele, que era o todo-poderoso. E isso era intolerável para Kadafi. Assim, proibiu os locutores líbios de mencionar os nomes dos craques durante as partidas. A locução se fazia a partir dos números das camisas e pela posição no campo. Nome próprio só para Muamar Kadafi. A regra valeu até o ano 2000, quando seu filho, já com 27 anos, estreou na primeira divisão do Al-Ahly. Desse dia até o fim da carreira, em 2007, os narradores líbios continuaram proibidos de mencionar os nomes dos jogadores, menos o de Al-Saadi, que eram obrigados a dizer. Logo, Al-Saadi adquiriu um clube, o Al-Ittihad. Também chamou o treinador italiano Giuseppe Dossena, que, por contrato, não podia substituí-lo durante as partidas.

Para ganhar experiência internacional, marcou um amistoso entre seu time e o Barcelona no Camp Nou, com a exigência de que, no time catalão, atuasse o argentino Javier Saviola, seu ídolo. Fez amizade com Saviola e investiu um milhão de dólares para enfrentar a Seleção argentina — dirigida por Marcelo Bielsa — em Trípoli. Também jogou contra o São Paulo, com Careca e Kaká em campo. Admirador do futebol brasileiro, visitou Ronaldo quando estava se recuperando de sua lesão, em Paris. A única coisa que não comprou foi o talento.

Em 2000, ano de sua estreia profissional, se autoconvocou para a Seleção nacional, onde atuou 18 vezes, convertendo apenas dois gols. No clube e na Seleção, se autoproclamou capitão. Mas nos jogos internacionais, sua atuação foi ruim, já que não podia "jogar apitando": no torneio líbio, era normal que ele anulasse um gol do adversário ou validasse um tento ilegítimo de seu time. Assim, a Líbia nunca se classificou para uma Copa do Mundo.

O filho "que queria ser e não foi" investiu muito dinheiro, como o que gastou ao contratar o campeão olímpico Ben Johnson para ser seu treinador pessoal e Diego Maradona como assessor técnico particular. Não apenas pagou salários a preço de ouro, mas também as mordomias — a conta de telefone de cada um era cerca de US$ 60 mil mensais.

A Itália sempre foi a grande referência futebolística dos líbios. Por isso, Al-Saadi adquiriu 7,5% das ações da Juventus de Turim com a condição de treinar com estrelas como Del Piero. Numa negociação quase única no planeta, pagou ao clube Perugia para estrear no "calcio" italiano em 2003: jogou apenas uma vez e só por 15 minutos, e dizem que atuou a pedido do primeiro-ministro Silvio Berlusconi... Em 2005, após ser pego num exame antidoping e ficar suspenso por um trimestre, transferiu-se para a Udinese: ia aos treinos de helicóptero. Depois, atuou pela Sampdoria, sem nunca vestir a camisa azul genovesa em partidas oficiais. Mas faturou o *Bidone d'Oro*, prêmio de pior profissional da liga. Encerrou a carreira e sepultou seu sonho. E, para que não fosse sepultado na primavera líbia de 2011, fugiu para Niamei, no Níger, onde hoje vive refugiado. ●

CAPÍTULO V

LENDA OU REALIDADE?

O Brasil é o único país que disputou todas as Copas e é o que mais vezes a venceu: cinco. Como bom país latino-americano, não escapou dos militares no século passado. Seleção e ditadura não caminharam nem juntas nem separadas, mas construíram uma grande dúvida em relação à conquista de 1970: foi o governo Médici que tirou João Saldanha e colocou Mário Zagallo como treinador, por causa de um craque que, depois, acabou convocado mas nunca atuou nem um único minuto? Verdade ou mais um enredo enriquecido de João Sem Medo?

Em 1970, João Saldanha, gaúcho de Alegrete e cronista esportivo, virou treinador da Seleção brasileira, de um dia para o outro. É o técnico mais famoso da história que qualquer país já teve... sem disputar nenhuma Copa. Virou lenda porque era filiado ao Partido Comunista e dirigia o Brasil de Pelé em tempos de ditadura de direita. Virou lenda porque foi trocado três meses antes do Mundial do México, supostamente por não atender ao pedido do presidente Emílio Garrastazu Médici de incluir, com a camisa 9, o artilheiro mineiro Dario, o famoso Dadá Maravilha. Virou lenda porque pré-moldou um time que Zagallo herdou, fez retoques e se tornou tricampeão do mundo. Virou lenda porque, sendo técnico do Brasil, desafiou a ditadura almoçando com o presidente democrático deposto, João Goulart, no seu exílio no Uruguai. Virou lenda, principalmente, porque aquela Seleção de 1970, a mais lembrada de todas as que conquistaram Copas, não apenas jogava futebol, mas também dava cátedra de qualidade e eficiência, tanto que foi admirada pelos seus adversários. Essa é a única equipe do mundo que, à medida que o tempo passa, melhora a cada ano.

Assim, ninguém esquece Saldanha — um ano antes, em 1969, sua Seleção fez 13 jogos e venceu todos, ganhando o apelido de "As Feras de Saldanha". Mas quem conquistou a Copa com essa equipe foi Zagallo, com preparação física do ex-militar Claudio Coutinho — mais tarde treinador do Brasil na Copa de 1978 — e de um "tal" Parreira, que começava a escrever seu nome na história do futebol internacional: foi o técnico do tetra, dirigiu cinco países em seis Copas, é o segundo treinador do planeta com mais jogos em Mundiais — 23 — e fez parceria com Luiz Felipe Scolari para a Copa de 2014, além de ser o segundo treinador que mais dirigiu o Brasil em Mundiais, 12 vezes (Zagallo é o primeiro, com 20). Parece claro que Saldanha, sem Garrastazu Médici em seu caminho, também poderia ter conquistado a Copa do México. Mas é mais evidente ainda que não teria ganhado todas as linhas já escritas por causa de seu polêmico afastamento, após pronunciar frases como "O presidente escala os ministérios dele e eu escalo a minha Seleção".

A VIAGEM DE "JOÃO SEM MEDO" PARA A COPA DE 1970

João Saldanha esteve no Mundial do México, mas não como treinador. "Quando ia sair do Brasil para o México, fui posto para fora do avião no Aeroporto do Galeão, embora tivesse passagem comprada, passaporte, tudo certinho. Tive de ir para o México, para ver a Copa, pelo caminho que Ronald Biggs, aquele ladrão de trem, fez. Fui parar em Port of Spain (Trinidad & Tobago), via Pará-Paramaribo. Lá, vendem umas passagens estranhas de ida e volta, assim numa espécie de falso turismo (...). Avião de vagabundo. Lá, peguei um voo da Pan-American para a Guatemala e, só então, fui para o México. Cheguei três dias depois de quando tinha saído do Brasil (...). Foi a segunda vez que me puseram nu no Galeão. A primeira foi após almoçar com João Goulart (...). Dessa vez arrancaram a sola do sapato, descosturaram minha camisa, mexeram numa maleta vagabunda que eu tinha levado. Como só ia passar dois, três dias, não tinha levado bagagens. E me puseram nu. Fiquei lá horas e horas; cinco ou seis horas. Eu era jornalista da Rádio Globo e da TV Globo. Fui lá fazer a cobertura de um jogo."

Emílio Garrastazu Médici faleceu em 9 de outubro de 1985 e não deixou nenhum documento que transforme a lenda em fato. Para Mário Zagallo, sucessor de Saldanha, não houve nada anormal. E muitos brasileiros que não gostavam tanto assim da Seleção de João Sem Medo — como era chamado — pensam como ele. Um pouco antes de sua queda como treinador, Saldanha perdeu para a Argentina — já eliminada da Copa — em Porto Alegre e empatou com o frágil time carioca do Bangu, em Moça Bonita, motivos mais do que suficientes para o escrete canarinho receber duras críticas e justificar-se a troca de comando.

Anos mais tarde, no programa de televisão Roda Viva, Dadá Maravilha relatou assim a controversa história: "Bem, o negócio começou por uma imposição da imprensa mineira de me convocar nem que fosse na marra, porque eu fiz 69 gols no ano, fui disparado o jogador que mais balançou as redes adversárias, e sempre que jogava pelo Atlético Mineiro a minha média de três gols era mantida. Aí a imprensa achou que eu deveria ser convocado, e começaram a forçar a barra. Mas a Seleção estava invicta havia trinta e tantas partidas... Só que arrumaram um jogo da Seleção brasileira contra o Atlético Mineiro, no Mineirão, onde o Atlético foi proibido de jogar com sua camisa: jogamos com a casaca da Federação Mineira de Futebol. E eu, ousado, botei a camisa do Atlético por baixo e arrebentei com a boca do balão, joguei uma partida impecável e ganhei todos os prêmios. Também fiz o gol e ainda gozei os caras. Médici, como todos os brasileiros, viu o jogo e ficou impressionado, e o presidente, impressionado com o Dadá, perguntou: 'Por que esse homem não é da Seleção?'. Então, foi quando a imprensa partiu pra cima do João Saldanha e forçou a barra nele, e o João Saldanha falou que eu não jogaria na Seleção dele, que teria mais dois ou três centroavantes para ele convocar. Então já era uma questão de pirraça do João Saldanha não me convocar, porque, modéstia à parte, eu estava numa fase extraordinária e deveria ser convocado".

É quase manifesto que o artilheiro nunca soube se, realmente, Garrastazu Médici pediu ou não a Saldanha para que o convocasse. Só Saldanha poderia esclarecer se o episódio foi real ou não passou de uma lenda. Em 1983, com

Médici ainda vivo, o ex-treinador, outra vez cronista, foi entrevistado por Geneton Moraes Neto, em cujo site está reproduzido o diálogo abaixo:

Com a palavra, João Saldanha: "Na época fui convocado para a Seleção brasileira no governo Costa e Silva. E Costa e Silva, estranhamente, morreu no meio do caminho. O governo mudou. Houve uma série de modificações na cúpula. E entrou o governo Médici — que, como precisava de uma frente bem ampla, resolveu usar a Seleção, como vários governos usam até hoje. (...) O usurpador do poder naquele momento era o senhor Médici — que desejava popularidade e quis fazer popularidade através da Seleção. Não era um bom caminho. Eu não estava de acordo. Nós éramos apenas um time de futebol. Mais nada!... (Dario) era de alto nível, mas não de tão alto nível como eram os jogadores de que a Seleção precisava, como Pelé, um Tostão, um Dirceu Lopes, um Gérson, um Clodoaldo, um Rivelino, um Jairzinho. Embora Dario fosse um bom jogador do ranking brasileiro, não existia lugar para ele nessa turma. Mas, como Dario era do Atlético Mineiro e o governo naquele tempo precisava de uma barretada para Minas Gerais, quiseram botar Dario à força. Recusei. Puseram para fora Toninho — do Santos —, um grande goleador com quase novecentos gols, por causa de uma sinusite. Antônio do Passo e João Havelange diziam: 'Pelo amor de Deus, convoque Dario, nem que seja pra ele nem mudar de roupa. Convoque pelo nome, porque vamos ficar bem com os homens e precisamos de dinheiro!'. Não convoquei. Convoquei até homens de meio de campo.

GARRASTAZU MÉDICI

Segundo Saldanha, ele nunca esteve cara a cara com o ditador Garrastazu Médici. Antes de falecer, esclareceu que só o tinha visto de longe uma vez. E que, na única oportunidade na qual poderia ter conhecido pessoalmente o presidente, numa reunião em Porto Alegre, ele não compareceu: "Eu não teria prazer em apertar a mão de um homem que tinha matado vários amigos meus — ou mandado matar ou deixado matar. Não sei nem se foi ele que mandou ou deixou. O caso é que, coincidentemente, trezentos e tantos morreram naquele governo, o mais assassino da história do Brasil".

A ditadura no Brasil durou de 1º de abril de 1964 até 15 de março de 1985. Emílio Garrastazu Médici governou entre 1969 e 1974, sucedendo Arthur da Costa e Silva e antecedendo Ernesto Geisel. Ao todo foram cinco presidentes no regime militar, que mandou no país por mais de 20 anos.

Nesse momento, entrei num atrito desvantajoso. Pressão direta (Médici) fazia através dos homens da CBD. Era indireta em relação a mim. A pressão direta era lá com os homens. Diziam: 'Ou bota Dario ou sai fora'. Chegaram e me disseram: 'João, não podemos aguentar mais! Faça isso!'. Se convocasse Dario, tudo bem. Eu ia me avacalhar! Mas não tenho hábito de me avacalhar. E não me avacalhei (...). Tive a felicidade de encontrar no Brasil uma fertilidade tamanha de jogadores que também me obrigava a deixar Ademir da Guia, Edu e outros 'cracões' sem possibilidade de serem convocados. Quem é que eu ia botar para fora, para chamar Ademir da Guia? O Gérson? Rivelino? Clodoaldo? Tostão? Pelé? Quem? Não tinha jeito (...). A Seleção brasileira, felizmente, ganhou a Copa do Mundo no México, em 1970".

Escutando Saldanha, nasce uma certeza: Médici queria Dario, e como Dario, ou Dadá Maravilha, não foi nem seria convocado por Saldanha, o treinador caiu. Alguma dúvida? Sim. Porque Saldanha era famoso, entre seus amigos, alguns de cunho muito confiável, por sua contumaz mitomania. Seu excesso de criatividade o tornava mentiroso em série. Mas e se dessa vez fosse verdade? Porque, no final das contas, Dadá Maravilha foi à Copa convocado por Zagallo e... só trocou de roupa, como aparentemente pedia a CBD para Saldanha, pois não atuou em nenhuma partida. Assim, a vontade de acreditar na intromissão da ditadura é grande, só obstaculizada pelos camaradas de Saldanha, que insistem em dizer que João contava mais embustes do que verdades. Convenhamos que era uma bela e oportuna tentação para um comunista fantasioso se exceder no vício e relatar "sua versão" dos fatos.

Melhor, então, deixar imaculada a conquista de 1970... E acreditar, por exemplo, que João Saldanha não caiu por ser comunista, nem por deixar de fora o artilheiro Dario, e sim porque tinha todo o universo do futebol profissional contra ele: ninguém aceitava que um jornalista ocupasse essa posição que tantos treinadores de clube mereciam. Saldanha encarou os novos colegas mais críticos de seu trabalho, inclusive armado, como aconteceu com Dorival Knippel, conhecido como Yustrich, apelido que ganhou por sua semelhança física, na época de goleiro flamenguista, com o arqueiro Yustrich, do Boca Juniors, da Argentina.

Ou concordar que foi destituído do cargo porque cogitava — como lembram seus companheiros mais próximos — excluir Pelé da Seleção. É fato que Saldanha não era, naquele instante, do clube de fãs do Rei (mesmo quando reconheceu, mais tarde, que não houve outro craque tão genial quanto ele. "Pelé e Garrincha foram únicos", disse). Aquele boato se confirmaria na sua coluna do jornal da TV Globo, que o cronista fazia enquanto era treinador da Seleção. Saldanha afirmou que Pelé era míope e que, nos jogos noturnos, como o recém-sucedido com o Bangu, tinha enorme dificuldade para enxergar a bola. Assim, deu a entender que por esse motivo Pelé poderia não ser convocado para a Copa (ainda que nenhum jogo acontecesse à noite no México).

A MIOPIA DO "REI" PELÉ: MENTIRA, VERDADE, MENTIRA...

Após escutar de Saldanha que Pelé "enxergava melhor do que todos nós", sendo que supostamente ele colocou em xeque a participação do Rei na Copa de 1970 por causa de sua escassa visão noturna, Geneton Morais Neto não abandonou o assunto e, surpreso, questionou como é que surgiu, então, aquela história. Resposta final de Saldanha: "Ah, não foi minha! Aquela história deve ter surgido dentro do SNI (Serviço Nacional de Informações)... Quem tinha problema de vista na seleção era Tostão e, ainda assim, fiz Tostão ser convocado à força. Quando ele foi se operar em Houston, no Texas, eu convoquei só 21, e não 22 jogadores, porque sabia que na operação de Tostão havia mais charlatanismo e publicidade do que propriamente uma lesão".

Prossegue: "Quanto a Pelé, não tive nenhum problema (...). Todas as partidas em que fui treinador ele jogou. Nunca fiz um pronunciamento daqueles sobre a vista de Pelé, por duas razões. Uma é que seria injusto: sou leigo e não entendo. Nós só tínhamos uma preocupação quanto à boa visão: com os goleiros. Dos goleiros, a gente exige que tenham uma visão igual aos exames que são feitos com os aeronavegadores, os pilotos de aviação. Quanto aos demais jogadores, o campo visual é tão vasto que nós nunca nos preocupamos. O importante é que enxerguem a bola. E Pelé enxergava!

A segunda razão é que não sou burro. Se eu vejo o cara jogar e ele é o melhor jogador do mundo, eu vou dizer 'não'? Nunca ele foi barrado por mim. Ao contrário: eu o defendia. Houve uma época em que Pelé não era tão querido nem tão publicitário. (...) A onda não era em cima de mim: era em cima de Pelé. Pelé e eu já conversamos sobre essa coisa e rimos. Digo: foi um troço torpe. Desafio qualquer um que jamais tenha lido ou ouvido de mim qualquer coisa a esse respeito! (...) Não sou idiota. (...) Somos bons amigos". Enfim, Saldanha em estado puro.

Só há um problema. Essa coluna, que muitos dizem ter visto, não está transcrita nem há gravação guardada. "Então foi no rádio que ele falou isso", justifica-se um informante. O fato é que, duas décadas mais tarde, Pelé realmente foi operado no hospital Albert Einstein, de São Paulo, por causa de um descolamento da retina. E, de acordo com os médicos, "a lesão de Pelé não foi provocada por algum golpe, mas provavelmente pela miopia que assola o craque desde os tempos de jogador e vem evoluindo ao longo dos anos". A cirurgia de correção da retina durou cerca de duas horas. Walter Takahashi, o oftalmologista que fez a cirurgia, disse na época: "Pelé teve uma súbita perda de visão do olho esquerdo em poucos dias. Ele estava em Zurique para participar de um jantar promovido pelo clube suíço Servette, e chegou a fazer um exame nesse país. Porém, preferiu voltar para o Brasil a ser operado na Europa, e entrou em contato com o especialista M. Cunha".

Pelé, muito vaidoso, jamais aceitou usar óculos em público, o que ajudou a esconder o diagnóstico informal e precoce de Saldanha (na realidade, dos médicos, e que chegou às mãos do cronista-treinador). Tanto que o jornal *O Globo*, em 1970 e na prévia do Mundial, estampou: "Não preocupa o olho de Tostão, e sim o de Pelé". Incluindo frases de Saldanha como esta: "O crioulo está mal, precisa descansar". Tostão, que jogou a Copa após ser operado nos Estados Unidos, teve que abandonar o futebol bem antes do tempo, aos 26 anos. Pelé atuou por mais sete anos e se retirou com 37, sendo declarado "Atleta do Século" em 1999. De todo jeito, no mesmo dia em que Zagallo assumiu a vaga de Saldanha, João Havelange, presidente da CBF, foi a Brasília prestar contas ao ministro Jarbas Passarinho, segundo a imprensa daqueles anos de ditadura, "já prometendo relatório com cópia para os generais do SNI e das Casas Civil e Militar, explicando a quantas anda o futebol brasileiro".

O próprio Pelé, depois, também disse que Saldanha estava certo porque teria visto seus exames de 1969, nos quais constava o início dessa deficiência na visão, mais acentuada no olho direito naquele momento, mas que isso jamais afetou seu jogo. Que houve, de parte de João Sem Medo, alguma afirmação pública nesse sentido, houve. Se não fosse assim, por que o Rei declararia que

"Nem que seja com lente de contato, vou jogar esta Copa"? E Pelé não apenas a disputou, mas atuou melhor do que nunca. Tanto que ninguém, nem o próprio Garrastazu Médici, lembrou-se de que existia o infalível Dario, com média de três gols por jogo, durante aquele torneio.

O teimoso gaúcho também dizia que Pelé estava gordo, que tinha perdido sua melhor forma física após o casamento — três anos antes, em 1966, casou, em pleno Carnaval, com Rosemary Cholbi, sua primeira esposa. Para muitos, isso afetou seu rendimento na Copa de Inglaterra, mas foi nesse ano de 1969 também que o "Rei" anotou seu milésimo gol, no 2x1 contra o Vasco da Gama, no Maracanã. Pelé, que começou a escrever para o jornal francês *Le Figaro*, tinha dado o troco na sua primeira coluna, questionando os conhecimentos táticos de João Sem Medo. O jornalista Teixeira Heizer conta, no livro "O Jogo Bruto das Copas do Mundo", que Pelé chegou a apagar as táticas desenhadas por Saldanha no quadro-negro do vestiário, durante o intervalo de um jogo, falando alto para toda a equipe, e na presença do então técnico, que estava tudo errado. É irrefutável que alguma coisa, aí, com Pelé, também existia, além de Dario e aquém de Garrastazu Médici.

JOÃO E OS MILITARES

Na mesma entrevista citada no texto principal, de 1983, Saldanha conta: "Quando fui convocado para ser treinador, chamaram também Coutinho, Bonetti [capitão José Bonetti] e uma série de militares. Tentaram impor um esquema militarista de vigilância e segurança, algo policial. Depois, de fato, quando fui posto para fora, havia seguranças, leões de chácara da Seleção. Eram esquemas de homens armados com metralhadoras e o diabo a quatro. E foi ridículo na Argentina, onde deram rajadas de metralhadora num barulho de fundo de quintal que nada mais era do que uma cadela no cio e um monte de cachorro atrás. . . Gritavam: 'Para aí! Para! Para aí!'. A cadela não entendeu, e eles metralharam.... Houve um monte de coisas ridículas assim. Isso ainda existe. Dentro de vários clubes existe esse esquema".

Se Saldanha nunca escondeu sua carteirinha do PC brasileiro, sabendo-se como o homem era temperamental e desbocado, incontrolável, por qual motivo foi escalado para dirigir a Seleção? Não é melhor não escalar do que ter que demitir? Essas e outras perguntas invadiram as ruas naquele tempo. Dizem que foi uma tacada dupla de João

Havelange, que por um lado eliminava o mais feroz inimigo dele (e da CBD que presidia) e, por outro, minguava a crítica da imprensa toda contra a Seleção, que, nas mãos de Aymoré Moreira, tinha nela tantos descontentes quanto no povo. Saldanha não seria massacrado como Aymoré por uma questão de corporativismo, e, de fato, algo nesse sentido aconteceu. Estratégia de Havelange sem consultar Médici? Tudo é possível. Mas Havelange iria tão longe? O certo é que Havelange o fez, e Médici e os militares permitiram.

Treze anos depois da polêmica, Saldanha — como se quisesse agradar os camaradas que o tratavam de fantasioso e após Pelé reconhecer seu problema visual — disse: “Pelé, a meu ver, nunca teve problema de vista. Ele enxerga mais do que nós”.

João Saldanha morreu em Roma, Itália, em 12 de julho de 1990, em plena Copa do Mundo, vítima de um enfisema pulmonar, trabalhando como enviado especial da extinta Rede Manchete. Dezoito dias antes, a Seleção do Brasil tinha sido eliminada pela Argentina, em Turim. E a ditadura militar tinha acabado cinco anos antes. No livro “As Feras do Saldanha” (editora Lacre), sua última companheira, que já era sua mulher na Copa de 1970, a jornalista Thereza Bulhões, relata esse final em tom de homenagem. Mas a verdade ninguém a conhece.

A PERGUNTA DO MILHÃO: SALDANHA OU ZAGALLO?

O jornalista Geneton Morais Neto fez a João Sem Medo a pergunta que todos gostaríamos de fazer: “Quem é o maior responsável pela conquista do tricampeonato mundial: João Saldanha, que deixou o time pronto, ou Zagallo, que completou a festa?”. Saldanha falou em grande estilo e na altura que se esperava: “Os responsáveis são Félix, Carlos Alberto, Brito, Piazza e Everaldo, Clodoaldo, Gérson, Jair, Pelé, Tostão e Rivelino. A minha participação foi coincidente”. De Zagallo nada disse.

Para este autor, Zagallo foi o verdadeiro artífice desse triunfo que alguns cronistas no mundo todo compararam, pelo impacto, com a chegada do homem à Lua. Zagallo mudou as táticas, adequando-as às habilidades dos jogadores. Primeiro escolheu os craques, e depois a partitura que eles poderiam melhor executar. Assim morreu o lendário 4-2-4. Deu certo. Mas foi preciso coragem. Tanto que João Sem Medo nem tentou cometer esse crime.

CONTRAPARTIDA V

O JOGO DA PAZ...

Uma partida altamente politizada na história das Copas, ainda que menos que aquela entre as duas Alemanhas (1974) e também que a revanche da argentina frente aos ingleses (1986), foi o chamado "Jogo da Paz", modelo de diplomacia futebolística. Nele, no Estádio Gerland de Lyon, no Mundial da França em 1998, a quase ignorada Seleção do Irã venceu por 2x1 a dos Estados Unidos, pela segunda rodada classificatória do Grupo F.

Desde a década de 1970, quando a "Revolução Islâmica" instaurou no Irã o regime dos aiatolás e depôs o xá Reza Pahlevi, asilado nos EUA (principal aliado durante seu reinado, que o ajudou a promover a "Revolução Branca" – programa que incluía a reforma agrária, o desenvolvimento da infraestrutura, o direito de voto para as mulheres e a redução do analfabetismo), a convivência entre os países sempre foi tensa. O ápice do estremecimento ocorreu em 1979, quando a embaixada americana em Teerã, capital do país asiático, foi invadida por militantes iranianos da facção xiita que mantiveram mais de meia centena de cidadãos americanos reféns por 14 meses. "Morte à América" era seu grito de guerra... Logo depois desse emblemático episódio, a relação acentuou sua inquietante agitação quando, em 1980, ao estourar a chamada "guerra religiosa" entre Irã e Iraque, os estadunidenses pronunciaram essa fenda que os separava, ao se colocarem do lado iraquiano. Daí em diante, o trato do governo iraniano com os sucessivos presidentes "gringos" nunca mais foi cordial, amigável ou pacífico.

...E O IMPENSADO ABRAÇO ENTRE ESTADUNIDENSES E IRANIANOS

Até hoje, por causa do possível armamento nuclear do Irã, a confiança entre as duas nações não existe, e elas mal se olham. Assim, nunca houve um longo e verdadeiro armistício. Mas, sim, houve uma efêmera e reivindicadora trégua, graças ao futebol. Foi na noite na qual se enfrentaram suas seleções em território francês, com o mundo todo, na expectativa do que poderia acontecer, assistindo pela televisão. Haveria um atentado? Os craques se descontrolariam e os lances bruscos tomariam conta da partida? Tudo era possível e também parecia provável.

Os que aguardavam ações beligerantes nesse jogo ficaram desiludidos. E os que esperavam que os Estados Unidos se impusessem no gramado também se viram desapontados. Futebolisticamente triunfou o Irã, e, muito melhor do que isso, aquele foi um jogo de cavalheiros. Ambas as equipes ignoraram o clima hostil extracampo de seus governos. O mundo inteiro, mais uma vez, foi testemunha da surpreendente força do esporte, dessa vez personificada no futebol, como agente integrador e pacificador, tal como pouco antes, em 1995, fora a Copa do Mundo de rúgbi na África do Sul de Nelson Mandela, pós-apartheid.

Quiçá os iranianos, que, em inusitada gentileza fora dos protocolos, ofereceram flores – em vez de armas – a seus rivais antes da partida, quiseram mandar uma mensagem ao aiatolá Ruhollah Khomeini, em homenagem a Habib Khabiri, antigo capitão da Seleção iraniana, torturado e morto em

1984 pela teocracia islâmica, acusado de espionar para os Estados Unidos. E talvez, por sua parte, os americanos pretendessem enviar outro recado ao governo de Bill Clinton, que instalava suas tropas no Golfo Pérsico, e ao de seu sucessor, George W. Bush, que não se deu por avisado: três anos depois, em 2001, enquadrou Irã – junto com Coreia do Norte e Iraque – como “o eixo do mal”. Qual seria a mensagem? Que podem ser os maiores patriotas do planeta, mas eles não estão “nem aí” com os subterfúgios da política.

Importante: com esse placar, os dois selecionados foram eliminados da Copa, e essa é a graça “desse Jogo”. Primeiro a paz, depois todo o restante. Um raro nirvana dos tempos modernos...

OS IMPENSADOS “SOLDADOS DA CONCÓRDIA” NA COPA DO MUNDO DE 1998 (FICHA TÉCNICA)

21/7/1998 (21h) - IRÃ 2 X 1 ESTADOS UNIDOS. Fase de Grupos. Estádio: Gerland (Lyon, França). Público: 39.100. Árbitro: Urs Meier (Suíça), assistido por Laurent Rausisi (Suíça) e Nicolae Grigorescu (Romênia).

IRÃ: Ahmad Abedzadeh; Mohammad Khakpour, Mehedi Pashazadeh e Javad Zarincheh (Naheem Sadavi Sad); Hamid Estili, Neder Mohammadkhani (Afshin Peyrovani), Karim Bagheri, Mehedi Mahdavikia, Khodad Azizi (Ali Reza Mansourian); Ali Daei e Mehrdad Minavand. Treinador: Jalal Talebi.

ESTADOS UNIDOS: Kasey Keller; David Regis, Frankie Kejduk e Eddie Pope; Tab Ramos (Predrag Radosavljevic), Cobi Jones, Thomas Dooley (Brian Maisonneuve), Joe-Max Moore e Claudio Reyna; Brian McBride e Roy Wegerle (Earnie Stewart). Treinador: Steve Sampson. GOLS: Hamid Estili (40’/1º tempo 1x0); Mehedi Mahdavikia (34’/2º tempo 2x0); Brian McBride (38/2º tempo 2x1).

CAPÍTULO VI

DUPLO OXIMORO

Ganhar para perder e perder para ganhar. Eis o duplo oximoro gerado no jogo da Copa do Mundo de 1974, entre as duas Alemanhas que então coexistiam. Mas esse inusitado placar de 1x0 frente à favorita Alemanha Federal foi apenas a fumaça distrativa que escondeu evidências até o início do século atual. Verdade que, mais uma vez, atravessou os bastidores políticos em meio dos fantasmas da Guerra Fria e passou pela camuflagem de um escabroso plano subterrâneo da Alemanha Oriental. Triste realidade que só viu a luz em 2005.

A única vez em que as duas Alemanhas se encontraram em Copas do Mundo – e fora delas –, o "patinho feio" venceu. A Alemanha Oriental e comunista (quase sarcasticamente chamada "República Democrática") derrotou (1x0) sua vizinha Ocidental, sede dessa Copa em 1974 e, portanto, mandante: não por acaso, terminou alçando a Taça com apenas aquela única derrota que malogrou sua invencibilidade.

Então, o que aconteceu para tamanha "zebra" no chamado "Jogo do Muro"? Não foi uma simples partida de futebol, e também pouco importa que tenha ocorrido durante uma Copa do Mundo. Não. No meio da "Guerra Fria" se disputavam "outras coisas"; era o confronto entre o capitalismo e o comunismo, entre "o bem e o mal". E por mais que então alguns dissessem que esse "invertido" placar fora um gesto do treinador da seleção ocidental,

Helmut Schôn, nascido em Dresden, ou seja, no lado leste do muro, em cumplicidade com o legendário zagueiro Berti Vogts, que sempre tentara unir as duas Alemanhas em um único time de futebol, hoje ninguém informado acredita nessa rara solidariedade do germânico rico com o germânico pobre.

O impensado *score* também não foi por aquilo que cogitaram apostadores e especuladores estatísticos; aquilo de que Alemanha Ocidental "facilitou" para os adversários, procurando assim a segunda colocação do Grupo, classificação com a qual entraria na chave semifinal mais fraca na busca por uma vaga na decisão. Ou seja, e tal como aconteceu, junto a Polônia, Suécia e Iugoslávia, mandando os alemães orientais com a favorita Holanda de Johan Cruyff, no grupo que também teria Argentina e Brasil. Esse oximoro de "perder para ganhar" e, consequentemente, para o rival "ganhar para perder", distraiu a todos por três décadas até revelar-se algo mais profundo em 2005.

A realidade do inesperado 1x0, ao que parece, passa por um lado menos esportivo, pouco sentimental, nada casual e sem qualquer caráter estatístico especulativo. Pesquisas do novo século apontam que o diabo político mostrou o rabo mais uma vez. Pois o governo esquerdista de Willi Stoph, na Alemanha Democrática, haveria influenciado decisivamente nesse resultado. Teria preparado sorrateiramente, de modo ilegal e antidesportivo, seus *jogadores* desde muito tempo antes. Preparado? Catapultado ao suprarrendimento!

A estrita verdade é que Stoph, breve sucessor de Walter Ulbricht (falecido um ano antes da Copa, no momento em que o soviético Leônidas I. Brejnev começava a considerá-lo um obstáculo a sua política de flexibilização, retirando-lhe poderes), apenas continuou o plano orquestrado por seu antecessor; plano que obviamente, no início, não incluía esse jogo em particular, porque ainda não se sabia que as duas seleções teutônicas se enfrentariam em jogo da fase de grupos, classificatório para semifinais. Mas o plano era abrangente, ambicioso e, imaginava-se, eterno, assim tudo poderia caber nele...

Ulbricht, presidente do Conselho de Estado da extinta República Democrática Alemã por 22 anos, entre 1951 e sua morte, ocorrida em 1973, sempre permaneceu fiel aos princípios marxistas-leninistas e a seus pouco humanos e inescrupulosos métodos repressivos. Foi ele quem, por exemplo, reproduziu em seu país a famosa KGB – polícia secreta soviética –, criando sua Stasi (modo abreviado de *Ministerium für Staatssicherheit*, o Ministério para a Segurança do Estado, em português).

Sabe-se que a construção do Muro de Berlim foi ideia sua. Carpinteiro de profissão, fundador do Partido Comunista alemão, opositor ferrenho do nazismo e homem de temperamento "durão", ameaçou invadir sua vizinha ocidental, quando liderada por Konrad Adenauer, mobilizando tropas armadas até as famosas "fronteiras de arame farpado". E se ele não inventou o plano, foi quem o teria promovido para produzir a "revolução esportiva" de seu país por métodos pouco ortodoxos; de fato, o autorizou quando foi proposto pelas sub-hierarquias que cuidavam da cultura física dos cidadãos.

Implantado no final dos anos 1960, o plano consistia em dopar sistemática e continuamente seus atletas para atingirem o máximo desempenho, além do normal, a fim de obter vitórias e recordes que, de outra forma, provavelmente não alcançariam. O futebol não escapou de tal aberração. Dizem que Stoph, sucessor de Ulbricht, entusiasmado com os resultados que haviam começado a aparecer nos Jogos Olímpicos de 1972, em Munique, não interferiu no projeto original; continuou os propósitos iniciais que, no futebol, seriam consolidados na Copa do Mundo de Futebol de 1974.

O plano duraria, pelo menos, até os Jogos Olímpicos de Seul, em 1986, quando os atletas começaram a exibir contraindicações (in)esperadas: tempo depois de seus grandes feitos e consagrações, já retirados, quase todos já apresentavam sérios problemas de saúde. Mas, nesse período olímpico de dezesseis anos e quatro Jogos, a Alemanha Oriental chegou ao pódio 384 vezes, mesmo ausente em Los Angeles '84, pelo boicote ao imperialismo que, entre outros líderes comunistas, fogueou Erich Honecker, sucessor de Stoph, demonstrando que Ulbricht não estava sozinho em sua cruzada.

O pequeno Davi derrubava vários Golias em todas as competições internacionais, para orgulho dos hierarcas comunistas. Especificamente no futebol, sua maior conquista foi a medalha de ouro nos Jogos Olímpicos de

Montreal, em 1976, eliminando à mesmíssima União Soviética na semifinal (2x1). E antes, claro, na já citada Copa do Mundo de 1974, quando a incrível vitória (1x0) sobre a "outra" Alemanha permitiu-lhe classificar-se para as semifinais pela primeira e única vez na história da FIFA.

O plano e seus detalhes. Todos os atletas – incluindo os jogadores de futebol – escolhidos para representar a DDR (*Deutsche Demokratische Republik*) recebiam diariamente esteroides anabólicos, de modo específico, substâncias derivadas da testosterona, o hormônio masculino. Alguns consumiram esse estimulante por mais de quinze anos acreditando tomar "vitaminas especiais", aptas para "os privilegiados atletas da alta competição", os esportistas de elite.

O morbo consistiu em que todos eles receberam essas drogas das mãos dos treinadores, na confiança. Chegavam-lhes na forma de pílulas azuis, em um envoltório de platina sem qualquer texto preventivo ou indicação médico-farmacológica (só sabiam que o fabricante era o conhecido laboratório Jenapharm, agora privatizado). Eles tinham que engolir a pílula e treinar. Era tomada e não discutida, até porque os próprios atletas se converteram em cúmplices inocentes, ao perceberem que seu desempenho aumentava acentuadamente, além de não sentirem dores musculares e não se cansar.

O arremessador de peso Andreas Krieger – então era a arremessadora Heidi Krieger – foi uma das vítimas que mais sofreu a causa dessa loucura comunista, que só terminou quando o sistema se debilitou, após a queda do muro e de os esportistas, ao se aposentarem e pararem de usar a droga, passarem a apresentar lesões físicas irrecuperáveis, às vezes também psíquicas. Mais de 160 deles, em 2005, denunciaram no tribunal da Alemanha unificada, reclamando compensação financeira e, também, pedindo punição aos responsáveis. Até então, a Rússia já os havia copiado. Denunciado o esquema "desde dentro" por Grigory Rodchenkov, principal médico do COR (Comitê Olímpico Russo), e pelo professor de direito Richard McLaren, que suspeitou do elenco russo na Copa de 2014, no Brasil, recentemente, em 2019, seus atletas foram banidos por quatro anos de todas as competições internacionais, o que os impediu de participar na Olimpíada do Japão 2020/21 e no Mundial de Qatar de 2022.

Isso com os russos do Putin; aqueles alemães-comunistas nunca foram sancionados, porque somente quase trinta anos mais tarde e duas décadas após a queda do Muro de Berlim descobriu-se que se tratava do esteroide Oral-Turinabol. Ministrado em doses diárias de oito miligramas por atleta (2.590 miligramas por ano), esses androgênicos geraram horrores, como foi no já citado "caso Krieger", ouro olímpico e recordista europeu que pagou com a necessidade de mudar de sexo. "*Eu não aguentava mais ser uma mulher com músculos masculinos e muito menos ter que raspar minha barba três vezes por semana*", afirmou, ao explicar a cirurgia pertinente. Krieger continua visitando seu médico semanalmente para uma injeção de testosterona e agora vive com uma mulher sem ser chamado de lésbica.

De fato, os que mais sofreram com os resultados desse doping foram atletas do sexo feminino. As mulheres são maioria entre os mais de oito mil casos detectados nesse período, em que outros sintomas se sobressaem. A nadadora Rica Reinisch, vencedora de três ouros em Moscou, em 1980, desenvolveu câncer uterino. Sua colega, Petra Schneider, que na mesma Olimpíada foi ouro nos 400 metros medley, teve sérios problemas cardíacos e dores permanentes na coluna.

Entre os homens, o caso mais severo foi o de outro nadador, George Severs, encontrado morto no fundo da piscina, em 1978, se preparando para uma competição. O governo comunista daquela Alemanha nunca reconheceu nada. Nesse caso, forçou os progenitores de Severs a declarar publicamente que o filho tinha "*excedido os limites de treinamento quando ele estava resfriado...*". Ridículo, mas real. Achado posteriormente o diagnóstico da autópsia, soube-se que ele morreu por "*excesso de esteroides, que causou uma parada cardíaca durante o treinamento*".

Os jogadores de futebol não morreram chutando, é verdade, e até hoje, discursivamente, preferem abraçar como mérito de seu próprio talento aquele feito, a proeza que os traduziu em heróis comunistas, com alguma exceção, como foi o caso de Jürgen Sparwasser, autor do inesquecível gol daquela partida histórica entre as Alemanhas (ver no "box" separado que acompanha este texto).

Sim, o jogo daquele sábado 22 de junho foi histórico. Não só porque um selecionado de *players* semidesconhecidos derrotara craques mundialmente famosos, tais como Franz Beckenbauer, sua grande estrela, o implacável artilheiro Gerd Müller e um goleiro de grande categoria como Sepp Maier, principais figuras dos bávaros do Bayern de Munique e destaques do poderoso *Mannschaft* (seleção da Alemanha Federal). Essa partida também foi histórica porque nunca antes, nem depois, se experimentou em uma Copa do Mundo um clima de pré-jogo com tamanha atmosfera política.

Na falta de *drones*, os helicópteros tremularam pelo céu do estádio antes do meio-dia; os *deutscher schäferhunds*, ou pastores alemães, *os* cães da polícia, farejaram explosivos desde o amanhecer, nas imediações e até na sala de imprensa; e os *snipers*, ou atiradores de elite, prepararam-se cedo para reagir. Além disso, detectores de metais foram usados entre os espectadores, que tiveram que passar por até sete controles antes de sentarem em seus lugares. Entre os alemães ocidentais – anfitriões –, estava fresco na memória o atentado fatal nos Jogos Olímpicos de Munique, dois anos antes (onze atletas de Israel foram feitos reféns pelo grupo terrorista palestino "Setembro Negro", sendo, até hoje, o maior ataque terrorista já ocorrido em qualquer evento esportivo). E nos alemães orientais, a paranoia nunca descansava.

"*Quando os jogadores se alinharam em campo para motivar-se com a música nacional, o sentimento geral era estranho*", lembra o irmão deste autor, presente naquela Copa. Além do tradicional hino alemão "*Deutschland, Deutschland Über alles*" ("Alemanha, Alemanha acima de tudo"), também foi ouvido o "*Auferstanden aus Ruinen*" ("Ressuscitado das Ruínas"), que naquela época serviu como canção pátria da Alemanha comunista. Escrito em 1949 pelo poeta socialista Johannes R. Becher, ex-ministro da Cultura da RDA (em português, República Democrática Alemã), foi tocado desde 1973 em versão instrumental composta por Hanns Eisler, sem letra, como um reconhecimento diplomático mútuo entre os dois países, algo que o já morto Ulbricht, talvez, não tivesse aceitado...

Se o início foi tenso, o intervalo foi mais ainda. Todavia, zero a zero, dois dos 60.350 espectadores presentes no Volkparkstadion, de Hamburgo, invadiram o campo para queimar uma bandeira da Alemanha socialista. Por isso tudo, o experiente, e agora falecido, árbitro uruguaio Ramón Barreto, após apitar o final do jogo, disse aos seus assistentes, o brasileiro Armando Marques e o argentino Luis Pestarino, que contou a anedota: *"Será que acabou mesmo? Espero que sim, porque ainda estou com receio. Mas nos compensa o fato de hoje termos entrado na história grande. Este foi o único triunfo comunista desde que Alemanha fora dividida, em 1961, pelo Muro de Berlim. E também porque é a primeira derrota do capitalismo infringida pelos comunistas em território ocidental após a Segunda Guerra Mundial, no meio da 'Guerra Fria'..."*. Barreto nessa tarde aplicou três cartões amarelos aos alemães orientais e nenhum aos ocidentais; o que não influiu no placar.

Não necessariamente por esse clima, tenso e envolvente, e sim por temor a represálias, os futebolistas orientais não intercambiaram camisas no final do jogo, no campo, mas alguns o fizeram no túnel que os levava aos vestiários. Foi o caso do autor do gol, Jürguen Sparwasser, que trocou sua camisa azul pela branca do politizado lateral ocidental Paul Breitner, logo craque do Real Madrid, da Espanha, famoso por seu cabelo "afro" no estilo David Luiz (defensor da Seleção do Brasil em 2014).

A partida, correspondente ao terceiro e último confronto do Grupo A, encontrou a Alemanha Federal já classificada, enquanto sua vizinha socialista precisava pelo menos empatar para também ir à próxima fase, semifinal, composta de duas zonas de quatro países cada (ambos os vencedores jogariam a decisão). Assim, parecia uma formalidade para os donos de casa, que desconheciam os estimulantes ingeridos por seus rivais para se transformar em "mais poderosos que os poderosos". Já os orientais não podiam perder. Assim, todos apostavam em um salomônico empate que classificaria ambos: ocidentais em primeiro, e orientais em segundo. Não parecia factível o triunfo do "patinho feio", como sucedeu.

Por todos os motivos descritos, vários observadores ranquearam esse jogo como "o mais politizado de todas as Copas", superando assim qualquer um anterior, como aquele do Mundial de 1950 entre os alemães derrotados na

Segunda Guerra Mundial e os recém-socializados húngaros, ou qualquer outro dos que protagonizou a "Azzurra" de Mussolini, na Copa de 1934, em território italiano. Ele também supera os dois jogos posteriores mais politizados: aquele no qual, no México '86, a Argentina derrotou a Inglaterra por 2x1, "se vingando" de sua derrota na Guerra das Malvinas, ou *Falklands Islands*, partida que curiosamente também ocorreu em 22 de junho, doze anos mais tarde. E o mais recente de todos, quando o Irã venceu por 2x1 os Estados Unidos, na França '98, após os embates de uma década antes entre ambos os países, na mesopotâmia asiática. A principal diferença entre todos eles é que, no confronto entre teutônicos, a tensão da Guerra Fria estava vigente; e nos demais jogos, todas as seleções se enfrentaram sem doping, só no talento, "na cara e na coragem".

Na tarde de Hamburgo, claro, não se sabia das drogas, e ninguém associou esse jogo a outro acontecido um mês antes do Mundial '74, entre clubes: o modesto Magdeburg, da Alemanha Oriental, e o gigante italiano Internazionale, de Milão. Mas, hoje, também se sabe que o Magdeburg conquistou a então Recopa da Europa – disputada pelos ganhadores da Copa de cada país do Velho Mundo – graças ao doping. Pois é, também aí, onze anônimos comunistas de um time secundário venceram (2x0) na final de Roterdã, Holanda, a poderosa equipe que treinava o então jovem Giovani Trapattoni, onde atuava Gianni Rivera, o "*Bambino di Oro*".

Quando o Magdeburg se classificou para essa Final, derrotando outro grande candidato, o Sporting, de Lisboa, pensou-se que fora pelo espírito alterado dos portugueses: esse dia, aí mesmo, na capital do país, explodira a "Revolução dos Cravos", que derrubaria o governo Salazar. Então, no planeta, sobrevoavam muitas intrigas, mas pouco se comprovava. Havia tanta desconfiança quanto havia ingenuidade. O doping era patrimônio do *turfe*, e as drogas, de qualquer tipo, pareciam alheias a todos nós. Dessa ignorância geral e da incredulidade coletiva se aproveitou a máquina comunista da RDA.

A consagração na Recopa concedeu ao anabolizado e oriental Magdeburg a chance de disputar a Supercopa europeia contra o ocidental Bayern de Munique, clube então vencedor da atual *Champions League*. Porém, esse prelúdio perfeito do que aconteceria em breve, na Copa do Mundo, não aconteceu. Assim como meses antes a Federação da União Soviética recusou a apresentação de sua Seleção ante o Chile, em jogo classificatório para esse mesmo Mundial '74, porque ideologicamente o Kremlin era contrário ao golpe de Estado de Augusto Pinochet (que derrubou o governo esquerdista de Salvador Allende), agora a Federação de Futebol da Alemanha socialista, sempre influenciada pelos "manda-chuvas" governamentais – submetidos ao bloco soviético –, negou permissão para o Magdeburg enfrentar o Bayern de Munique. Oficialmente a UEFA declarou deserto esse título, que o resignado Milan há tempo desistiu de reclamar.

O paradoxo é que o mentor dessa trama macabra, Walter Ulbricht, nem sequer saboreou sua obra. Diabolicamente poderia ter sido a grande revanche pessoal com os "outros alemães", que o perseguiram durante a ascensão de Hitler ao poder, em 1933, obrigando-o primeiro a escapar para Praga, posteriormente emigrar para Paris e, por fim, se exiliar em Moscou, no ano de 1938. Ironia do destino, também ele teve sua enfermiça gloria roubada. A morte o surpreendeu antes.

A INDIGESTA VITÓRIA DA ALEMANHA COMUNISTA NA COPA DE 1974 (FICHA TÉCNICA)

22/6/1974 (14h30) ALEMANHA OCIDENTAL 0 X 1 ALEMANHA ORIENTAL – Grupo A, Primeira Fase. Estádio: Volksparkstadium (Hamburgo, Alemanha Federal). Público: 35 mil (estimado). Árbitro: Ramon Barreto (Uruguai); auxiliado por Armando Marques (Brasil) e Luis Pestarino (Argentina).

ALEMANHA OCIDENTAL: Sepp Maier; Berti Vogts, Georg Schwarzenbeck (Hors-Dieter Hoettges, 78'), Franz Beckenbauer e Paul Breitner; Uli Hoeness, Bernhard Cullmann e Wolfgang Overath (Günter Netzer, 79'); Jürgen Grabowski, Gerd Muller e Heinz Flohe. Treinador: Helmut Schoen.

ALEMANHA ORIENTAL: Jürgen Croy; Gerd Kische, Bend Bransch, Konrad Weise e Siegmar Waetzlich; Harald Irmscher (Erich Hamann, 75'), Reinhardt Lauck, Hans-Jürgen Kreische e Lothar Kurbjuweit; Jürgen Sparwasser e Martin Hoffmann. Treinador: Georg Buschner.
GOL: Jürgen Sparwasser (32'/2º tempo, 0x1).

GOL ABENÇOADO... ARTILHEIRO MALDECIDO

Quem acabou com qualquer expectativa do anfitrião, a Alemanha Ocidental, naquela partida que quinze minutos antes do final apontava para um irreversível 0x0, foi Jürgen Sparwasser, artilheiro amador do Magdeburg e engenheiro mecânico de 26 anos, festejados 18 dias antes. Corria o minuto 77 quando ele aproveitou uma desatenção do rival para dar um chute, já dentro da área, que superaria o até então invicto goleiro Sepp Maier. Treze minutos depois, o milagre havia ocorrido. Fim do jogo. David derrotou Golias. A "Guerra Fria" esquentava.

"Foi bater no inimigo onde mais dói – diria Sparwasser. *Se colocassem 'Hamburgo 74' na minha lápide, todos saberiam quem está lá embaixo."* Para o adversário Franz Beckenbauer, não havia mistério: *"Eles nos venceram bem"*; e mais do que isso: *"O gol de Sparwasser nos acordou. Sem essa derrota, nunca teríamos conquistado aquela Copa do Mundo; naquela tarde entendemos que também poderíamos perder".*

No entanto, haveria mais surpresas: Sparwasser, curiosamente, não seria um ídolo em sua flagelada terra. E essa foi uma das razões que o levaram a fugir para a Alemanha Ocidental mais tarde, em 1988. "*É que depois da Copa do Mundo, meus compatriotas me assobiaram em todos os estádios desconfiados desse gol que permitiu que a Alemanha Ocidental avançasse para o grupo mais fácil da segunda fase, e assim chegar e vencer a final, deixando a gente no grupo semifinalista mais competitivo*", declarou. Seu companheiro Martin Hoffmann chegou mais longe: "*Foi uma terrível injustiça. Por um minuto todos ficaram felizes com a vitória, mas imediatamente, quando perceberam que teria sido melhor empatar e se classificar em segundo lugar, inverteram as intenções... Naquela mesma noite do jogo, no hotel, alguns já o acusaram de ter anotado um gol que ele não tinha que fazer. Tanto foi assim que Sparwasser não participou das festividades*".

Isso é verdade, embora o próprio atacante tenha negado o motivo de sua ausência nas comemorações noturnas: "*Nossa celebração pós-jogo incluiu um jantar no hotel e uma excursão à rua Reeparbahn,* 'a milha do pecado', *epicentro da prostituição no Distrito da Luz Vermelha de Hamburgo* (NdA: berço incipiente do movimento europeu de 'okupas'), *e eu não fui... Por quê? Um motorista me sugeriu que ficasse no hotel porque, se me encontrassem lá, eu estaria desempregado. Nunca saberei o que teria acontecido se me encontrassem aí; me acusariam de traição? Não sei. Mas foi por isso que fiquei no meu quarto bebendo cerveja"*.

O artilheiro que o severo regime comunista de Ulbricht/Stoph/Honecker anabolizou durante anos para sempre vencer os ocidentais, por causa de uma missão cumprida perfeitamente, transformou-se em suspeito, de quase todos, de ter favorecido aqueles que mais tinham que ser afundados... "*Você nos fez ganhar a batalha, mas também perder a guerra*", teria lhe dito um cartola naquele mesmo dia, completando: "*Não é suficiente prepará-los fisicamente, há que discipliná-los mentalmente para que eles saibam o que devem fazer a cada momento, e vigiá-los para fazê-lo bem feito*".

Jürgen Sparwasser, apesar de tudo, permaneceu no Magdeburg por mais cinco anos, até 1979, aposentando-se aos 31 anos, devido a uma lesão. Na década anterior, em 1966/67, ele tinha sido fundamental na promoção do clube para a Primeira Divisão, marcando 22 gols em 27 jogos. Ele também foi medalhista de bronze em Munique, em 72, momento em que ganhou temporariamente os corações dos comunistas, amor que o levou a recusar uma oferta do Bayern de Munique.

Em 1988 o fornido artilheiro (1,80 m) se aproveitou de uma partida de veteranos entre as duas Alemanhas, disputada no lado ocidental: não retornou para a RDA... Foi quando declarou: "*Falaram que o governo comunista tinha me recompensado pelo gol com uma casa, um carro e um prêmio em dinheiro; tudo isso não passa de uma grande mentira. Eu nunca fui reconhecido, pelo contrário, fui ignorado e ofendido, então fugi...*". Azarado até o fim, apenas um ano depois viu o Muro de Berlim cair enquanto lia nos jornais que a Seleção nacional da Alemanha Oriental, que defendeu 53 vezes, assinalando 15 gols, tinha sido dissolvida, como depois aconteceu com seu país: "*Devia ter fugido muito antes, nem sei por que desperdicei umas quinze oportunidades*". Nascido em Halberstadt, antiga sede episcopal de Sajonia-Anhalt, em 4 de junho de 1948, um ano antes da criação da Alemanha Oriental, ele despediu-se do futebol treinando o SV Darmstadt 98, em Hesse, onde comemorou seus 74 anos de vida e 48 de seu melhor-pior gol já convertido...

CONTRAPARTIDA VI

O PRESIDENTE RAÚL ALFONSÍN...

A Seleção da Argentina, já sem "milicos" no governo do país, venceu a Inglaterra na Copa do México, em 1986 "vingando" – sentimentalmente – a derrota sofrida na própria carne, quatro anos antes, na Guerra das Malvinas, ou *Falkland Islands*. Mas, enquanto torcedores e jogadores encararam a partida como "a grande revanche", o presidente da recém-recuperada democracia, Raul Alfonsín, não alimentou o fogo popular nem se associou a essa falsa redenção.

Ele, previamente ao épico jogo, chegou a falar que seria apenas um desquite do amanhado triunfo britânico no Mundial de 1966, quando em Wembley, Londres, pelas quartas de final, os locais eliminaram os argentinos em controversa partida. O caudilho e capitão dos sul-americanos, Antônio Ubaldo Rattín, foi polemicamente expulso e, ao caminhar para os vestiários, além de se sentar no tapete vermelho do palco da rainha Isabel II, amassou uma das bandeirinhas do país organizador que sinalizavam os quatro *corners* do campo. Irritou todo mundo, e sua exasperante demora em se retirar do gramado, fingindo não entender o que lhe falava o germânico juiz Rudolf Kreitlein, fez com que na Copa seguinte se inventassem os cartões amarelo e vermelho para sancionar futebolistas.

Essa partida já tinha começado com polêmica pelo estranho fato de que um árbitro inglês apitaria o jogo da Alemanha e – paralelamente – um *referee* alemão dirigiria Inglaterra (curiosamente os dois se impuseram em seus jogos e, não por acaso, disputaram a final, que ganhariam pela

...E "LA MANO DE DIOS" QUE OS MILITARES ARGENTINOS NÃO PUDERAM UTILIZAR

primeira e única vez na história os britânicos). Na época, havia décadas, a FIFA era comandada e dominada pelos representantes da "Pérfida Albion" (então a presidia o ex-goleiro, árbitro, professor e político Sir Stanley Rous, galardoado com os títulos de Comendador da Ordem do Império Britânico e *Knight Bachelor*; mas, no mundo do futebol, apelidado "o Pirata").

O novo jogo agora era no México, duas décadas exatas mais tarde, sem Rattín, com um juiz tunisiano e embrulhado num contexto bem mais politizado. Ele aconteceria doze anos depois daquele entre as duas Alemanhas e quatro após a rendição de nossos vizinhos perante as Forças Armadas de Sua Majestade no Atlântico Sul. A Argentina, na procura de seu segundo título ecumênico, derrotou a Inglaterra por 2x1 no estádio Azteca do Distrito Federal, também pelas quartas de final. Nessa tarde Diego Maradona fez o primeiro gol com "*la mano de Dios*" (a mão de Deus), segundo ele mesmo a definiu, tendo o despreparado juiz africano Ali Bennaceur legitimado. Quatro minutos mais tarde, fez outro, o gol decisivo, considerado o mais belo gol de todas as Copas. Ambos os gols ocorreram no segundo tempo (aos seis e dez minutos, respetivamente); a Inglaterra descontou tarde demais, a nove minutos do fim do encontro.

Raul Alfonsín, que em 1983 fora eleito presidente dos argentinos com 51,7% dos votos, derrotando os peronistas pela primeira vez desde a fundação do partido Justicialista (1946), comportou-se como "*un señor*". Sóbrio como sempre, o advogado de profissão e substituto "*en el sillón de Rivadavia*" da mais pavorosa ditadura militar da história do Cone Sul, naquele domingo, quando ocorreram os gols de "Dieguito", não enviou mensagens subliminares para a primeira-ministra inglesa, como seguramente teria feito a "dinastia" populista dos Kichner que "reinara" na Argentina no atual século XXI. Por sinal, então, Margareth Thatcher continuava no poder mais forte do que nunca.

O presidente não relacionou o jogo com a guerra nem os *players* do treinador Carlos Salvador Bilardo com os soldados nas Ilhas Malvinas. Perante a vitória esportiva no México, o candidato do moderado Partido da Unión Cívica Radical representou a imagem oposta daquela exibida pelo General Leopoldo Fortunato Galtieri em 1982. Quando ele ordenou invadir as ilhas, convocou o povo à célebre Plaza de Mayo – foi em massa para aplaudi-lo – e disse, desde a sacada da Casa Rosada, uma frase tão histórica quanto absurda, convidando os britânicos à luta armada: "*Si quieren venir, que vengan!*" (Se querem vir, venham!). Eles aceitaram o convite, e já sabemos o resultado.

Só Alfonsín se manteve em seus corretos cabais. Esse triunfo futebolístico no México sobre os ingleses alegrou mais os argentinos que o próprio título obtido sete dias depois, no mesmo palco, contra os alemães (3x2), sem gols de Maradona... "*Vencer essa partida importava mais que conquistar a Copa*", declarou posteriormente no jornal londrino *The Guardian* Roberto Perfumo, que vinte anos antes atuou naquele polêmico jogo de 1966. Sua declaração se viu perfeitamente refletida em 2022 quando – no espaço de um mês – se venderam as duas camisetas históricas "*del Diego*". Pela usada na final de México '86, ante a Alemanha, foram pagos US$ 50 mil; no entanto, pela utilizada frente aos ingleses, a camisa da "*mão de Deus*", o valor foi de US$ 9,2 milhões; ou seja, 184 vezes mais.

Em contrapartida a essa desforra épica e à euforia popular anti-britânica, Alfonsín só se permitiu vibrar quando chegou a coroação final. Aí, ele recebeu o time, tal qual costume nacional e popular na Argentina, na sede do governo, no centro de Buenos Aires e, claro, com a taça em suas mãos, foi mais um argentino feliz, ainda quando em seu caso particular com segura prudência pública, como mostrou Fernando Henrique Cardoso no "penta" do Brasil, em 2002.

Resumindo: na jornada final, a da consagração, o homem que governava a Argentina sob o lema "*com a democracia se come, se cura e se educa*" foi um verdadeiro "hincha" (torcedor); mas não quando da vitória sobre os ingleses, momento no qual a investidura presidencial o exibiu como um autêntico e exemplar diplomata. Segundo o jornalista local Daniel Pliner, "*possivelmente tenha atuado desse modo porque durante seu mandato (1983-1989) a Argentina se negou a declarar formalmente o* 'cessar das hostilidades' *com o Reino Unido, argumentando que a* 'reafirmação dos direitos soberanos' *era um* 'objetivo indeclinável'. *Assim, só ele conhece o motivo*".

Simpatizante do clube Independiente de Avellaneda, sete vezes vencedor da Taça Libertadores da América, Alfonsín nunca foi fanático do futebol como a maioria de seus exaltados compatriotas, mas alguns de seus movimentos prévios à disputa da Copa de México indicavam que ele queria, como todos, que seu país ganhasse esse Mundial. Isso se demonstrou, por exemplo, quando, entre sombras e meia-noite, se tentou trocar o treinador Bilardo, que na fase preparatória não conseguia resultados otimistas. "*Sabia que essa conquista seria importante para um povo tão castigado moral e economicamente; e também sabia que, com Maradona em campo, a Argentina podia vencer...*", diria o editor portenho Rubén R. Macchi, completando: "*Mais interessante ainda, então, é que ele – com a oportunidade servida em bandeja – não tenha misturado Malvinas com futebol*".

Certo é que o presidente não caiu na tentação fácil de rir na cara de quem antes levara a melhor na guerra e até hoje leva a melhor na disputa diplomática na ONU (anualmente se discute a posse das ilhas, que custaram a vida de 640 argentinos, mal armados e pior petrechados nas frias trincheiras em torno de Port Stanley, ou Puerto Argentino, capital do arquipélago). Na intimidade, talvez, ele gritasse de felicidade mais do que todos, ninguém sabe, mas é bem provável que sua alegria se limitasse totalmente ao triunfo esportivo e sim à democrática sensação de saber que os "milicos" já não podiam usar esse sucesso para benefício próprio, tal como usaram, em 1978, quando o primeiro título mundial da Seleção Argentina os ajudou a ocultar os famosos "desaparecidos"...

Essa revanche fomentada pela imprensa e explodindo no coração do povo argentino, que não aceitava voltar a perder para os ingleses, não contaminou o presidente sul-americano, raro pela seriedade, que entendeu como ninguém que os dois campos de enfrentamento eram coisas diferentes. "*Alfonsín não se deixou levar pelo delírio popular, não fez do futebol uma manobra política como tinha feito o General Galtieri. Não, em seu mandato ele preferiu fortalecer a democracia, debilitando a corporação militar na vida do país, para evitar que uma nova ditadura chegasse ao poder no futuro*", sintetizou o socialista Pliner. "*Também não converteu* 'la mano de Dios' *em uma ferramenta para conseguir futuros votos, algo típico do peronismo e dos governos populistas; pelo contrário, por causa da hiperinflação da época, ele renunciou antes de concluir seu mandato, nunca pensou em perpetuar-se no poder*", relembraria o antiperonista Macchi.

Sim, para Alfonsín, heróis foram os milhares que lutaram nas batalhas perdidas nas Malvinas, e não os onze que venceram um mero jogo de futebol. Honra eterna aos combatentes, e efêmeros aplausos aos jogadores...

A "VINGANÇA" ARGENTINA NA COPA DO MÉXICO, EM 1986 (FICHA TÉCNICA)

22/6/1986 (12h) - ARGENTINA 2 X 1 INGLATERRA. Quartas de Final. Estádio: Azteca (Cidade do México). Público: 114.580. Árbitro: Ali Bennaceur (Tunísia), assistido por Berny Ulloa (Costa Rica) e Bogdan Dotchev (Bulgária).

ARGENTINA: Nery Pumpido; José Luis Ciciuffo, Jose Luis 'Tata' Brown, Oscar Ruggeri e Julio Olarticoechea; Ricardo Giusti, Jorge Burruchaga (Carlos Tapia), Sergio Batista e Hector Enrique; Diego Armando Maradona e Jorge Valdano. Treinador: Carlos S. Bilardo.

INGLATERRA: Peter Shilton; Gary Stevens, Terry Butcher, Terry Fenwick e Kenny Sansom; Glenn Hoddle, Peter Reid (Chris Waddle), Trevor Steven (John Barnes) e Steve Hodge; Peter Beardsley e Gary Lineker. Treinador: Bobby Robson.

GOLS: Diego Armando Maradona (6'/2º tempo, 1x0) e (10'/2º tempo, 2x0), e Gary Lineker (36'/2º tempo, 2x1).

CAPÍTULO VII

DO CÉU PARA O INFERNO

Em sua primeira e única Copa, o Haiti foi notícia: o antidoping do seu craque camisa 12 deu positivo na estreia desses exames em Mundiais de futebol. Ernst Jean-Joseph, zagueiro haitiano na Copa da Alemanha de 1974, tocou o céu com as mãos quando enfrentou a Itália de Dino Zoff e Gianni Rivera, mas em poucas horas foi para o inferno do patético Baby Doc, ditador de seu país, que o castigou com dois anos de cárcere e torturas. Tudo por causa de uma pílula contra a asma.

Ernst Jean-Joseph nasceu em 1948, em Cap Haitien, a segunda maior cidade do Haiti, na ilha Hispaniola. Descoberta por Colombo em 1492, na sua primeira viagem ao Novo Mundo, a ilha é dividida com um único vizinho — inimigo histórico desde a colonização —, a República Dominicana, dominada pelo Haiti durante 22 anos (assim, o dominicano é um dos poucos povos que não se tornaram independentes de um conquistador europeu). O Haiti ocupa o terço oeste da ilha, herança dos franceses, que receberam esse território dos espanhóis em 1697.

Em Cap Haitien, os meninos que não vão pescar barracudas ou moreias ficam na rua mendigando ou jogando bola recheada com meias em trapos e papéis. Jean-Joseph era um deles. Durante o dia todo, descalço, brincava

A NAÇÃO MAIS POBRE

Atualmente, o Haiti é o país mais pobre do hemisfério ocidental, título que é fruto da inicial aniquilação espanhola, da exploração colonial francesa, dos terremotos e de seus problemas de instabilidade política, constantes na maior parte de sua história moderna. A última rebelião armada, em fevereiro de 2004, levou à demissão forçada e ao exílio do presidente Jean-Bertrand Aristide, com a promessa de o governo interino organizar novas eleições, sob os auspícios das Nações Unidas. Mas a demora em realizá-las piorou as coisas. Assim, o Haiti só proclamou um presidente e um parlamento democraticamente eleito em maio de 2006. Em 2010, novas eleições nomearam o atual presidente, Michel Martelly, e deram um ar de esperança ao país. Mas um forte terremoto de magnitude 7.0 atingiu o país em 2010, reduzindo-o a um estado de calamidade, com estragos no valor de US$ 8 bilhões, cerca de 120% de seu PIB. 84% do povo vive abaixo da linha de pobreza, e 54% na pobreza extrema. Jovenel Morse, presidente em 2021, foi assassinado por tentar enviar a Washington lista de pessoas ligadas ao narcotráfico... Se o Haiti ainda sobrevive é porque goza de tarifas alfandegárias livres, com os Estados Unidos, para a maioria de suas exportações, e de perdão da dívida externa. Em 2011, o Banco Mundial o ranqueou como o pior país do planeta, onde mais da metade da população vivia com menos de US$ 1 por dia. Mas o PIB per capita triplicou na última década.

de craque na praça da catedral. Era bom. Era forte. Negro na pele e ruivo no cabelo. Ainda criança, destacava-se entre todos os colegas, também negros, como 95% da população local, quando começou carreira na Associação Desportiva Capoise de sua cidade (hoje treinada pelo carioca Flávio Viana, ex-técnico das divisões de base do Botafogo), antes de se transferir para um dos grandes clubes da capital, Port-au-Prince, em 1969. Deu seu primeiro passo para a fama ao assinar com o AC Violette, um dos dois clubes mais vitoriosos do país, com seis campeonatos haitianos em seu currículo, o último em 1999. Mas chegou ao topo em 1984, quando conquistou seu único título internacional, um dos poucos vencidos pelo futebol haitiano: a Liga dos Campeões da CONCACAF, o maior torneio da região, que reúne clubes campeões da América do Norte, América Central e do Caribe.

Com 1,85 m de altura, Jean-Joseph se destacou na defesa, especialmente nas bolas aéreas. Convocado para a Seleção nacional, disputou as eliminatórias da CONCACAF em busca de uma vaga na Copa do Mundo de 1974. O Haiti eliminou Porto Rico em dois jogos — 7x0 e 5x0 — e passou à fase seguinte, o hexagonal decisivo, em que foi campeão com apenas uma derrota, deixando para trás México, Trinidad & Tobago, Honduras, Guatemala e Antilhas Holandesas. J-J participou de quase todos os jogos, inclusive na derrota de 0x1, na Cidade do México, perante o “tri”, como é chamada a seleção asteca.

Em 1974, por causa da classificação para seu primeiro (e único) Mundial, o Haiti viveu seu maior momento de glória esportiva: realizou um sonho pouco provável de acontecer para um dos países mais necessitados do planeta — hoje, 2014, é o mais pobre segundo o ranking do Banco Mundial. Mas, apesar das dificuldades, o time treinado por Antoine Tassy era bom, tanto que poderia ter se classificado invicto, pois a derrota para o México aconteceu no último jogo — cinco dias após vencer a Guatemala e comemorar por duas noites seguidas —, quando o Haiti já tinha o passaporte carimbado para a Alemanha.

O OUTRO E DESCONHECIDO HAITI (RICO E EXEMPLAR)

O artilheiro Ernst Jean-Joseph não conheceu esse singular momento, nem sequer seu avô, mas o Haiti já foi farto e também exemplar. Com base em indústrias relacionadas com a silvicultura e a exploração da cana-de-açúcar, os franceses a tornaram uma das colônias mais ricas do Caribe, mas com alto custo ambiental. Como os espanhóis tinham quase exterminado as tribos autóctones, a França importou meio milhão de escravos africanos, no século XVIII. A devastação e os maus-tratos foram tantos — a taxa de mortalidade excedia a taxa de natalidade — que esses mesmos escravos se revoltaram sob o comando de Toussaint L’Ouverture, conseguindo sua liberação após uma longa luta. Assim, o Haiti se converteu na primeira nação negra libertada no mundo pós-colonial, declarando sua independência em 1804. Dos franceses ficaram a língua e as lembranças — que eles preferem esquecer.

Hoje a situação é outra. Desde 2004, a Missão de Estabilização e as Forças de Paz da ONU têm ajudado a manter a ordem civil. Mas seu esforço é insuficiente, porque os haitianos partem para a República Dominicana ou navegam para as ilhas vizinhas em busca de um futuro melhor (na última década, estimava-se que 50 haitianos entravam no Brasil por dia). Fogem, principalmente, dos trabalhos forçados e do tráfico infantil com finalidade sexual, já que o país não tem uma lei que coíba esses crimes. Nos últimos anos, também se transformou em uma conexão do tráfico de drogas, que tem como destino os Estados Unidos de América. Nada exemplar.

Claro que, previamente, houve um escândalo que não pode ser ignorado, pois demonstra o quanto a ditadura governamental queria que sua Seleção fosse para a Copa. Foi no jogo em Port-au-Prince perante o principal adversário daquelas eliminatórias, Trinidad & Tobago, que estava na segunda posição no hexagonal. O Haiti triunfou naquela partida — 2x1 —, mas Trinidad & Tobago foi claramente roubada pelo juiz salvadorenho José Roberto Henríquez, que invalidou cinco gols dos trinitinos, três deles irrepreensíveis. Conta a lenda que Henríquez não foi comprado, "apenas" ameaçado de morte pelo ditador Baby Doc Duvalier. O juiz e o assistente canadense James Higuet foram suspensos pela FIFA, que não modificou o placar nem a classificação haitiana.

A PRIMEIRA VIAGEM DE COLOMBO

Em 12 de outubro de 1492, Cristóvão Colombo chegou ao Novo Mundo, que ele acreditava ser as Índias. Nesse dia, uma sexta-feira, pisou no arquipélago caribenho das Bahamas e batizou a primeira ilha de Guanahani — na linguagem dos indígenas locais — com o nome de San Salvador, também conhecida por Watlings. No fim desse mesmo mês, desembarcou na costa de Cuba acreditando que estava no Japão e, semanas mais tarde, em 15 de dezembro, chegou ao atual Haiti, cuja ilha chamou de Hispaniola, onde deixou um pequeno contingente e regressou.

Na segunda viagem, um ano depois, visitou Hispaniola e viu que o acampamento estabelecido por ele tinha sido arrasado pelos aborígenes, que mataram a todos. Além de montar ali outra colônia, do outro lado da ilha, na República Dominicana, com seu irmão Bartolomeu fundou a primeira povoação europeia no continente americano: o atual Santo Domingo. Isso significa que o Haiti foi a terceira ilha descoberta de toda a América, e a ilha Hispaniola foi a primeira a ser realmente habitada por colonizadores. Só depois chegaram os negros africanos, ancestrais do defesa Ernst Jean-Joseph.

De qualquer maneira, aquele foi o momento do Haiti, e todos estavam felizes. Ernest Jean-Joseph mais do que muitos, porque, três dias após completar 26 anos, receberia um presente de Deus: enfrentar a "Azzurra", a Seleção da Itália, com seu legendário capitão Giacinto Facchetti, e, possivelmente, marcaria "Il Bambino d'Oro", Gianni Rivera, tão falado na época. Ele não poderia pedir mais, mesmo preocupado com uma incipiente asma. Resolveu não dizer nada sobre a doença, por temor de ser barrado do Mundial. Após a Itália, o Haiti enfrentou a Polônia mais empolgante de todos os tempos, a de Deyna e do artilheiro Lato, craques que J-J nem sequer havia visto pela televisão em preto e branco de péssimo sinal no Haiti. E, por último, encerrando a fase de grupos, jogaria contra a Argentina, na qual estrearia Mario Kempes e que contava com Roberto Perfumo, zagueiro campeão com o Cruzeiro de Nelinho, Piazza e Dirceu.

Antes de partir, houve festa nacional de despedida — jogar já era o bastante, nem se pensava em vencer, até porque o grupo era o mais difícil da chave inicial. A Seleção foi recebida no belo Palais National, de reminiscências franco-renascentistas — residência oficial do presidente —, por Jean-Claude Baby Doc Duvalier, o ditador que dois anos antes tinha sucedido seu falecido pai, Papa Doc, também tirano, mas eleito democraticamente. Baby Doc falou com a delegação, ressaltando a oportunidade única que eles tinham de colocar o Haiti, uma vez na vida, no mapa das coisas boas:

"BABY DOC", O FILHO DE "PAPA DOC"; OS DUVALIER

Jean-Claude Baby Doc Duvalier, filho do presidente e ditador François Duvalier, conhecido como Papa Doc — daí o apelido do primogênito —, herdou o poder antes de fazer 20 anos, quando seu pai morreu, em 1971, e conseguiu ser pior do que ele. Devido às violações dos direitos humanos, dez anos depois, os Estados Unidos suspenderam toda ajuda ao seu governo. Então, houve uma tímida liberalização: foi adotada uma nova Constituição, e eleições foram convocadas, em 1984. Sem oposição, venceu confortavelmente. Durante seu mandato de 15 anos, sofreu vários ataques (foi ferido em 1981 e quase derrubado em 1982 por um grupo de exilados). Por fim, em 1986, se exilou na Riviera Francesa, após um golpe de Estado que acabou com 29 anos de ditadura da família Duvalier. Detalhe, quando presidente, Baby Doc foi primeiro manejado pela mãe e depois pela sua única esposa, duas das maiores clientes da história dos shoppings de Miami. Em 1987, julgado perante o Tribunal Superior da cidade de Grasse, na França, em ação civil movida pelo governo do Haiti, pelo desvio de US$ 120 milhões de fundos públicos; conseguiu driblar outras acusações mais pesadas, como as de execuções sumárias e torturas reiteradas. Voltou ao Haiti em 2011, 25 anos após ser deposto. A Anistia Internacional pretende que seja julgado por tudo no próprio Haiti. Vários processos estão em andamento, mas em 2013, aos 61 anos, no Tribunal de Apelações de Porto Príncipe, ele disse ao juiz Jean Joseph Lebrun: "Quando governei, os haitianos viviam decentemente e mandavam seus filhos para a escola; eu fazia justiça, apenas isso". Negou todos os crimes. Mas o mundo sabe o que ele fez com Ernest Jean-Joseph.

E os haitianos sabem o que ele fez com seus parentes e amigos.

"Desejo que o mundo saiba que meu país também é vencedor", disse, colocando pressão nos craques em busca de sua glória pessoal.

O tirano também se referiu a Joe Gaetjens, o haitiano mais famoso no mundo do futebol até então: aquele que em Belo Horizonte marcou o gol com o qual os Estados Unidos derrotaram a soberba Inglaterra na Copa de 1950. Entretanto, sua menção não foi apenas para exaltar as virtudes exemplares do atleta. Havia uma segunda intenção. Gaetjens, nascido em uma família influente de Port-au-Prince (neto do emissário haitiano de Federico Guillermo III, rei de Prússia), usando sua linhagem e sua fama, sempre se manifestou contra o poder vitalício de Françoise Papa Doc Duvalier, e pagou por isso: simplesmente desapareceu após uma operação de rotina. Enviado a Fort Dimanche apenas para ser acareado com seus irmãos, também rebeldes de pensamento, sumiu. Sabe-se que foi morto pelos Tonton Macoutes (a força parapolicial do presidente), mas seu corpo jamais foi encontrado.

UMA ALAGOAS NO CARIBE

As fronteiras haitianas são o Mar do Caribe, o oceano Atlântico (1.771 km de costa) e, por terra, apenas 360 km com a República Dominicana. Sua área total alcança 27.750 km^2, medida que a converte na nação número 148 — por tamanho — do mundo: menor inclusive do que o estado de Alagoas, no Brasil. Mas sua população não é tão pequena, aproxima-se dos 12 milhões de habitantes, número semelhante ao do Paraná. O Haiti é o país número 89 de nosso planeta no quesito população, mas continua crescendo. Sua taxa de natalidade é de 25x1000, enquanto a de mortalidade é de 8x1000. Aos 23 anos, quase toda mulher haitiana já foi mãe. A esperança de vida é a do Brasil de 1980, 63 anos — entre as 25 piores do mundo. 8% do PIB é gasto em saúde, e 2% da população está infectada pelo vírus HIV.

Haiti olha para Cuba, a ilha mais próxima (90 km de distância), e, como ela, tem clima tropical semiárido, vegetação montanhosa e está na rota dos tornados que assolam a região todos os anos entre junho e outubro, com esporádicas inundações e frequentes secas no restante do calendário, o que justifica que 53% da população seja urbana e que apenas metade dos habitantes consiga ler e escrever.

O jovem presidente queria se afirmar no poder com todas as ferramentas possíveis. Sabia que não era um governante querido, nem acumulava méritos para estar onde estava. Então, o futebol poderia servir a seus fins. Ernest J-J não se preocupava com a responsabilidade nem com a pressão, confiava nele mesmo, sabia que estava bem preparado e, como bom católico — assim como 80% da população haitiana —, tinha fé de que a asma não malograria seu desempenho. Levando medicação própria — só para garantir —, viajou esperando o grande dia da estreia: 15 de junho, às 18h da Alemanha — meia-noite no Haiti —, quando o árbitro venezuelano Vicente Llobregat, assistido pelo brasileiro Armando Marques, iniciou o jogo que tirou seu sono. Naquela época, um haitiano em Munique, numa Copa do Mundo, era coisa de filme. É difícil entender seu significado hoje, com toda a informação existente e as facilidades para viajar que encurtaram distâncias. Todos os integrantes daquele time só queriam saber quem seria titular, quem teria a chance de ingressar na partida e na história do país e do futebol. Ernest J-J, um dos mais confiantes, como previsível, foi escalado.

O jogo começou com um cartão amarelo para Pierre Bayonne, do Haiti, no primeiro minuto, mas, aos poucos, o time caribenho percebeu que a Itália não estava em seu melhor dia e foi se afirmando sem se arriscar muito. O tempo inicial terminou em 0x0. Foi o jogo de abertura do grupo 4, e as 53 mil pesso-

OS "TONTON MACOUTES"; SENHORES DA GUERRA

Os Tonton Macoutes nasceram em 1959, apenas dois anos depois de Papa Doc se tornar presidente. Eram uma força paramilitar autorizada a usar a violência para manter a autoridade do novo governo. Os integrantes podiam eliminar sumariamente seus inimigos sem responder na Justiça. Assim, se transformaram numa das organizações mais brutais do hemisfério, deslocando o poder do exército no país. O povo os batizou, em crioulo, Goon Squad, Senhor da Guerra, uma referência a um mito local, o tio Tonton. Essa milícia consistia principalmente de fanáticos analfabetos que se tornaram assassinos cruéis como zumbis. Temidos torturadores, sequestradores e praticantes de vudu, usavam chapéus de palha, camisa azul, jeans, óculos escuros e facões que os haitianos nunca vão esquecer. Luckner Cambronne os comandava. Era conhecido como O Vampiro do Caribe, por gostar de sangue: com ajuda dele, Papa Doc matou pelo menos 30 mil dissidentes. Cambronne era famoso localmente pelo fornecimento de cadáveres e sangue para as universidades e hospitais dos Estados Unidos — viveu no exílio, em Miami, até sua morte, em 2006. Ao assumir o governo, em 1971, Baby Doc rebatizou os Tonton de "Milice de Volontaires de la Sécurité Nationale" (MVSN). Eles torturaram o craque Ernst Jean-Joseph. Hoje, claro, já não existem.

as presentes no Olympiastadion de Munique aplaudiram cada manobra dos haitianos que, apesar do esforço, certamente iriam perder. Mas no início do segundo período, o artilheiro Emmanuel Sanon surpreendeu a zaga italiana e conseguiu um gol inesperado. Tão inesperado que quebrou a invencibilidade de 1.143 minutos do mais famoso goleiro de Europa naquele tempo, Dino Zoff. Como a maioria do público era italiana, os aplausos pararam, e a equipe "Azurra" reagiu. Ernest Jean-Joseph respondeu bem. Mas, seis minutos depois, Gianni Rivera empatou. Aos 66 minutos, Romeo Benetti virou o jogo, e a onze minutos do final, Piero Anastasi fechou o placar: 1x3. O Haiti, pela garra, voltou a escutar aplausos quando se retirou do campo. Derrota, sim, mas uma estreia mais do que digna. Baby Doc deveria estar feliz, seus "garçons" se saíram bem.

OS TERREMOTOS DE 2010/21

O tremor de 2010 teve epicentro a 25 km da capital, Port-au-Prince. Estima-se que deixou mais de 315.000 mortos e 1,5 milhão de desabrigados, sendo considerado o pior terremoto dos últimos dois séculos na região. Milhares de edifícios — incluindo os mais significativos do patrimônio da cidade, como o Palácio Presidencial, o Parlamento, a Catedral de Notre-Dame, a principal prisão e todos os hospitais — foram destruídos ou severamente danificados. O abalo alcançou magnitude 7.0 e ocorreu a uma profundidade de 10 km. O Serviço Geológico dos Estados Unidos registrou uma série de pelo menos 33 réplicas sismológicas.

O Comitê Internacional da Cruz Vermelha estima que cerca de três milhões de pessoas foram afetadas. Em agosto de 2021, outro sismo, atingindo 7.2 na escala Richter, abalou o país, deixando mais de dois mil mortos e 329 desaparecidos. Muitos países responderam aos apelos de ajuda humanitária, entre eles o Brasil.

Sanon, o goleador, é o entrevistado daquele fim de tarde. Vai ser a grande estrela do time na Copa, pois conseguirá outro gol haitiano no torneio, na derrota de 1x4 perante a Argentina, após o vexame da segunda rodada, quando a Polônia os derrotou com um contundente 0x7. Ernest não estava nos vestiários. Foi sorteado, entre os jogadores do Haiti, para fazer o então precário exame antidoping, realizado pela primeira vez nessa Copa. Naquele momento, o zagueiro haitiano não se lembrou da medicação contra a asma que tinha tomado na noite anterior. Para ele, o hábito era bastante comum nos últimos tempos, e em seus pensamentos não existia qualquer relação entre doping e asma, entre drogas ilícitas e drogas medicinais. Foi tranquilo e, após entregar sua urina, voltou rápido ao vestiário para se trocar e jantar com seus companheiros. Aquela não seria uma refeição comum na vida deles, pois tinham estreado com elogios numa Copa do Mundo contra a poderosa Itália. Mal sabiam que também não haveria outro jantar feliz, nesse Mundial e, por muito tempo, para Ernest Jean-Joseph...

O resultado da análise deu positivo. Efedrina. E o mundo virou de cabeça para baixo. Pela primeira vez, num Mundial, até porque antes não existia o controle, aparecia um caso positivo de doping. A imprensa dos cinco continentes correu para o hotel onde se concentrava a delegação haitiana. A notícia percorreu o mundo, e o espectador mais afetado pela "bomba" que chegava pelos teletipos foi Jean-Claude Baby Doc Duvalier. Sabendo que a exatidão daqueles exames era duvidosa, a FIFA decidiu apenas expulsar o jogador do torneio, mas não tomou nenhuma atitude contra a Seleção haitiana. O drama estava instalado. Muitos pensaram que a benevolência da FIFA aliviaria a situação de Ernest. Mal sabiam que o jogador já fora retirado do hotel por dois seguranças enviados por Baby Doc, e que no próprio carro, a caminho do aeroporto de München-Riem, o espancaram brutalmente. "Quero que chegue ao Haiti vivo, mas desfigurado, irreconhecível", teria dito o jovem, inexperiente, violento e covarde Baby Doc.

AGOSTO DE 2004: "O OUTRO JOGO DA PAZ"

Em agosto de 2004, a Seleção brasileira campeã do Mundo em 2002, já com Carlos Alberto Parreira no comando, foi enviada ao Haiti com a missão de dar alegria, por cinco horas, a um povo em permanente conflito. Ronaldinho Gaúcho, Nilmar, Roberto Carlos, Julio Cesar, Juan, Gilberto Silva e outros desfilaram pela capital, Port-au-Prince, em tanques de guerra, acenando para a multidão antes de golear a seleção haitiana. Foi chamado de Jogo da Paz, e junto a ele promoveu-se uma campanha de desarmamento. Nem todo mundo se sensibilizou, pois, na época, o Milan barrou a ida de Kaká, Dida e Cafu, e o Bayern de Munique também não aceitou liberar Zé Roberto e Lúcio. Mesmo assim houve festa e alegria onde normalmente só havia luta e dor. O público do pequeno estádio — o maior da capital — não se importou com a derrota do Haiti por 0x6. Foi a tragédia menos dramática na vida dos 15 mil espectadores. Há quem diga que, nessa tarde, Ernest Jean-Joseph voltou a assistir a um jogo da Seleção, o que não fazia desde que se aposentara como jogador.

Para o jovem ditador, pouco importou o desempenho do valente Ernest em campo, nem as desculpas que o zagueiro deu ao comitê organizador da Copa de que aquela substância proibida estava no remédio para a asma que ingerira na noite anterior... Aquele resultado positivo, do qual até a própria FIFA duvidava, foi como uma traição para Baby Doc. Para ele, agora o Haiti

O VUDU HAITIANO: MAIS MAGIA DO QUE RELIGIÃO

Tudo começou com o Vodum da África Ocidental, também conhecido como vudu ou vodú, assim escrito na língua fon do Benin e da Nigéria e na língua ewe de Togo e Gana. É considerada uma religião monoteísta tradicional dessa região, e seu nome significa espírito. Os escravos o trouxeram para este lado do mundo, principalmente para o Caribe, por isso existe o Vodou haitiano o Vudu da República Dominicana e Porto Rico, o Voodoo da Louisiana nos EUA, a Santería em Cuba, sincretizada com o cristianismo, e as religiões tradicionais africanas do rio Congo e de Angola. E, claro, também seu parente mais próximo, o Candomblé Jeje no Brasil, que utiliza o termo Vodum.

Quando a palavra é escrita com inicial maiúscula e "M", Vodum, denota a religião, e quando escrita com inicial minúscula e "N", vodun, refere-se aos espíritos, que são centrais para a religião que gira em torno dos espectros vodun e outros elementos da essência divina que governam a Terra, regem as forças da natureza e a sociedade humana e os espíritos individuais, como árvores e rochas. Os adeptos também enfatizam o culto dos ancestrais e sustentam que os espíritos dos mortos vivem lado a lado com o mundo dos vivos, para ajudá-los. Cada família dos espíritos tem o seu próprio sacerdócio feminino (hereditário, quando é de mãe para filha de sangue).

No Vodou haitiano, especialmente na rama dos Makaya, existe mais a magia do que a religião. Pratica a iniciação e inclui uma mistura de influências diferentes, especialmente do catolicismo e dos aborígenes locais, os Taino. Acreditam em um Deus que não pode interferir nos assuntos humanos ("está muito ocupado para interceder"), por isso são subordinados aos anjos ou santos. Assim, eles solucionam problemas de amor, dão ajuda financeira e proteção contra maus espíritos ou magia, curam doenças e realizam profecias. Há vários rituais, oferendas e cerimônias próprias do Haiti, quase sempre com a presença de sangue. Há 21 "nações" vuduístas diferentes no país... uns na defensiva, e outros na ofensiva. Como qualquer outra religião, há um sacerdote e uma congregação. Os vodouisins (praticantes) também se reúnem para serviços comunitários. Os Tonton Macoutes (ver página 81) acreditavam estar fazendo um serviço à comunidade quando torturavam e matavam dissidentes dos ditadores Papa Doc e Baby Doc, como foi no caso do zagueiro Ernst Jean-Joseph. Na sua bruxaria, o sacrifício é uma parte fundamental para que a magia dê certo. Às vezes, o sacrifício pode ser a entrega da própria vida.

seria visto como um país de drogados, e não como uma nação de atletas. O ditador transformou o desagradável episódio numa questão pessoal e viu em Ernest Jean-Joseph o destruidor de sua imagem internacional.

Os jornalistas esportivos enviados à Copa investigaram a história com funcionários do hotel, e disseram que o craque havia sido sequestrado da concentração. Alguns deles anteciparam o que sucederia com o jogador se voltasse para seu país. O jornal *La Vanguardia*, da Espanha, acrescentou que "o promotor encarregado da investigação disse que foi levado à força para evitar a possibilidade de que Jean-Joseph peça asilo político na Alemanha, temendo represálias contra ele". Não deu tempo; 72 horas após o jogo, Ernest J-J estava em Port-au-Prince, pronto para ser julgado. Mas aquilo estava longe de ser um julgamento: foi uma execração. A polícia militar o prendeu como a um criminoso de guerra sob a acusação de "ter desonrado o país e principalmente seu líder".

Torturado antes, durante e depois do processo, Jean-Joseph foi condenado a dois anos de prisão, num campo de concentração, nas piores condições que se possa imaginar. As felicitações que o jogador recebeu do ditador devido às grandes performances anteriores ao Mundial, quando a Seleção fez bonito em amistosos contra Uruguai e Chile, foram esquecidas por todos, inclusive pelos carcereiros, que não deixaram de maltratá-lo um único dia.

Para muitos observadores da política haitiana, a pena imposta a Jean-Joseph por Baby Doc foi leve se comparada com a que lhe haveria aplicado Papa Doc: quase todos concordam que o mítico tirano o teria condenado à morte. François Papa Doc Duvalier, médico de profissão, governou o Haiti por 14 anos, até falecer, em 1971. Primeiramente ministro da Saúde e depois eleito democraticamente em 1957, manteve-se no poder garantido por um terrorismo de Estado que ele mesmo programou. Sua ascensão política foi quando ingressou no "Le Groupe des Griots", movimento de escritores em prol do nacionalismo negro. Mas nunca pensou nos negros, e sim nele mesmo. Uma parada cardíaca quase o matou em 1959; ao voltar ao governo, encarcerou seu sucessor transitório e começou uma política de corrupção e violência paranoica poucas vezes vista. Em 1964, já num regime absolutista, fundou um culto que o considerava uma divindade haitiana e se autodeclarou presidente vitalício. Em 1986, ano da queda de seu filho, o corpo de Papa Doc foi desenterrado e espancado. Ainda hoje sua figura desperta ódio.

Após dois anos de cárcere e sofrimento, pela boa conduta no campo de concentração, Ernest J-J recuperou a liberdade. Ele pensou que, mesmo sendo inocente de pensamento, tinha errado nos fatos e prejudicado Baby Doc, por isso jamais planejara fugir. Ao contrário, sempre quis se redimir, e para isso retornou ao futebol. Reintegrou-se ao Violette, recuperou seu posto e voltou a ser convocado para a Seleção nacional nas eliminatórias de 1978. Em Port-au-Prince, dizem que foi libertado apenas para que atuasse pela Seleção, já que o Haiti não tinha outro defensor com seu nível. Em 1978, participou de sete jogos eliminatórios, colocando o Haiti muito perto da classificação. E a Seleção só ficou de fora por causa da derrota para o México, que mandou os astecas para a Copa da Argentina. Se houvesse vencido essa partida, o Haiti teria disputado seu segundo Mundial, e Ernest Jean-Joseph teria sua revanche.

Depois foi contratado pelo clube Sting, de Chicago, da Liga Americana de Futebol, a NASL, onde jogou nove partidas e ganhou algum dinheiro. Voltou para sua pátria e para o Violette, onde encerrou a carreira. Mas antes teve a chance de disputar mais um jogo pelas Eliminatórias da Copa da Espanha de 1982: no dia 12 de setembro de 1980, ele se despediu com vitória de 1x0 sobre as Antilhas Holandesas. Logo inicou carreira de treinador no Violette, mas hoje, aos 65 anos, está aposentado e sem muita vontade de recordar aquele episódio. Em 1999, este autor pretendeu encontrar Ernest Jean-Joseph em Cap Haitien, mas ninguém soube dizer onde ele estava. Só informaram que sua asma tinha piorado. O medo e a memória, nesses casos, andam por estradas paralelas e quase nunca se encontram...

CITAÇÃO

"Não permitirei que o poder político manipule o futebol"

(1974 – FERNANDO MITJANS, notário e qualificado primeiro presidente da Associação Argentina de Futebol, após o retorno de Juan Domingo Perón ao poder democrático, depois das fracassadas intervenções na AFA, impostas pela ditadura militar que governou o país entre 1966 e 1973. O poderoso ministro de Bienestar Social de la Nación, José López Rega substituiu Mitjans imediatamente: "El Brujo" não aceitaba homens dignos e honestos que o impedissem de usar o futebol a seu favor...)

CONTRAPARTIDA VII

O COMUNISTA ALEXEJ ČEPIČKA...

A história do futebol da antiga Tchecoslováquia não pode se esquecer do líder jurídico de seu exército comunista Alexej Čepička, amigo de Stalin, vítima da Gestapo, prisioneiro em Auschwitz e Buchenwald e, de algum modo, mentor da grande Seleção que brilhou nas Copas de 1954, 1958 e, principalmente, na de 1962, no Chile, quando perdeu a final para o Brasil de Garrincha e Amarildo. O dado fundamental é que Čepička era genro do líder do Partido Comunista tcheco, Klement Gottwald, primeiro-ministro e presidente do país entre 1948 e 1953. Alexej usou esse poder político-militar e toda a sua influência familiar para que o futebol nacional fosse magnífico por quatro décadas.

Tudo começa com um clube que já teve muita fama: o Dukla Praga, que existiu entre 1948 e 1996 e nasceu em homenagem à vitória que liberou o país dos nazistas na Segunda Guerra Mundial, em 1944. A batalha de Dukla-Prešov, que fez mais de 70 mil vítimas, imortalizou-se tanto quanto o vitorioso exército num clube cujas primeiras iniciais foram ATK (Armádní Tělocvičný Klub, que significa Clube do Exército Tcheco). Alexej Čepička, chefe desse exército e, de certa forma, seu dono e fã do futebol, deu uma ordem: "Os melhores jogadores do país, a partir de hoje, têm que atuar no Dukla". Assim, essa equipe, que treinava diariamente substituindo a faxina militar, comporia a base estável da Seleção nacional e estaria sempre pronta para vencer. A melhor maneira que Čepička encontrou para conseguir seu objetivo foi o serviço militar: cada talento chamado para servir à

...E A ORIGEM DA FORTE TCHECOSLOVÁQUIA FINALISTA DA COPA DE 1962

pátria não ia para outro lugar que não fosse à quadra de futebol do Dukla. Os arquivos contam que muitos clubes precisaram ceder voluntariamente seus jogadores. Como o Teplice, que tinha a maior estrela da história do futebol tcheco, Josef Masopust (Bola de Ouro em 1962). Desse modo, perderam seus craques e a oportunidade de dar algumas voltas olímpicas.

Com o apoio do Exército Vermelho soviético, que contava com 20 mil tchecos em suas fileiras, e as instruções do governo de Praga — exilado em Londres nessa época —, nasceu o novo projeto futebolístico na cidade de Dukla, localizada no triângulo fronteiriço da Ucrânia, Polônia e a atual Eslováquia, onde caíram os alemães. O Dukla Praga, como clube, ganhou quase tudo o que disputou nacional e internacionalmente: 11 títulos locais, oito Copas tchecas, uma semifinal da Taça dos Campeões Europeus (1966) e uma Taça das Taças (1986). Melhor do que isso: alimentou a Seleção da Tchecoslováquia, que se transformou em sinônimo de potência do leste europeu. Na Copa de 1962, quando, na final, caiu por 1x3 para o Brasil e na fase de grupos igualou um 0x0, seis de seus principais craques eram do Dukla Praga: Pavel Kouba, Ladislav Novák, Josef Masopust, Svatopluk Pluskal, Jozef Adamec e Josef Jelínek. O interessante é que, como clube, e por ter sua imagem associada a Moscou durante a era soviética, nunca contou com apoio popular na rebelde Tchecoslováquia: dava cátedra, vencia tudo, mas não reunia mais do que mil espectadores por jogo. Apesar de sua origem épica (a expulsão dos alemães), ficou conhecido como "o supercampeão mais odiado da história". Só os jogadores eram — de alguma maneira — preservados: craques como Josef Masopust, o goleiro Ivo Viktor e, talvez seu último ídolo, o hábil Pavel Nedvěd, sempre foram aplaudidos quando representavam o país.

Josef Masopust foi o capitão tcheco no Mundial do Chile, e se destacou no jogo contra o Brasil, ainda na fase de grupos. Quando a defesa de seu time batia em Pelé, já lesionado, reuniu seus companheiros e os proibiu de machucar o rei: "Ele não pode jogar nem se defender", disse do alto de sua grandeza humana.

Hoje o lendário Dukla Praga foi substituído pelo 1.FK Příbram, um pequeno clube da Liga Tcheca que não tem craques para compor a Seleção. A antiga Tchecoslováquia deu vida a dois países diferentes, a República Tcheca e a Eslováquia, ambas ausentes do Mundial no Brasil. De algum modo, falta um mentor como o comandante Čepička, que terminou seus dias políticos como ministro da Defesa do antigo regime e foi expulso do partido comunista após enterrar seu sogro, Gottwald, vítima de alcoolismo e sífilis, apenas cinco dias depois de assistir aos funerais de Stalin. Nos anos 1990, Alexej Čepička morreu aposentado, aos 80 anos, sem glória nenhuma e caricaturado pela imprensa local. ●

A FINAL BRASIL 3x1 TCHECOSLOVÁQUIA PELA COPA DO MUNDO DE 1962 (FICHA TÉCNICA)

17/07/1962 (14h30) – Estádio Nacional de Santiago (Chile). Público: 68.679. Juiz: Nicolai Latishev (URSS), assistido por Leo Horn (Holanda) e Robert Holley Davidson (Escócia).

BRASIL: Gilmar dos Santos Neves; Djalma Santos, Mauro, Zózimo, Nílton Santos; Zito, Didi; Garrincha, Vavá, Amarildo e Mário Lobo Zagallo. Treinador: Aymoré Moreira. TCHECOSLOVÁQUIA: Schroiff; Tichy, Pluskal, Jan Popluhar, Novak; Josef Masopust, Scherer; Tomáš Pospichal, Kadraba, Kvasnak e Jelinek. Treinador: Rudolf Vytlacil.

GOLS: Josef Masopust (15'/1º tempo; 0x1), Amarildo de Oliveira (16'/1º tempo, 1x1); Zito (24'/2º tempo, 2x1) e Vavá (33'/2º tempo, 3x1).

CAPÍTULO VIII

O FIM DA INOCÊNCIA

Na Copa de 1978, o Brasil retornou invicto da Argentina, mas sem o título, apenas com um honroso terceiro lugar. A explicação não é exatamente esportiva, tem a ver com um jogo que até hoje gera polêmica: a goleada de 6x0 do anfitrião em cima do Peru, placar que tirou o Brasil da final contra a Holanda. Em todo esse episódio esteve presente a mão da ditadura argentina, que precisava esticar seu governo e compensar seus métodos cruéis com "pão e circo". A FIFA, já comandada pelo brasileiro João Havelange, não foi inocente.

A imprensa internacional ainda se lembra de que a suspeita começou quando a FIFA, em cima da hora e desrespeitando o regulamento inicial da competição, fez o Brasil "jogar três horas antes do que a Argentina na última partida da fase semifinal". As seleções se igualavam em pontos, restando um único jogo para ambas, o desse 21 de julho. Caso as duas triunfassem, a definição de quem seria a primeira classificada desse grupo se estabeleceria por diferença de gols. E o que estava em jogo era muito importante: esse primeiro lugar no grupo decidia quem disputaria a final contra a Holanda. Nada esportivo, nem sequer um fator de segurança, nada mesmo, justificava essa alteração da FIFA, essa diferença de tempo entre uma partida e outra, a não ser... Sim, a não ser beneficiar a Seleção argentina, pois o país do ditador Jorge Rafael Videla saberia antecipadamente — uma vez conhecido o placar do jogo do Brasil — quantos gols deveria marcar para se transformar em finalista.

A CBF apresentou protesto à Comissão Organizadora, mas a reivindicação foi imediatamente rejeitada. Nenhuma reclamação foi considerada e nenhuma explicação coerente foi oferecida. Diga-se de passagem, as duas partidas daquele 21 de julho aconteceriam em cidades diferentes: Brasil contra Polônia em Mendoza, e Argentina versus Peru em Rosário: 895 km as separavam. A Copa do Mundo de 1978, organizada na Argentina, foi declarada causa nacional pelo "governo de fato", que havia se instalado na Casa Rosada desde 1976 apoiado pelo clamor popular, que impôs a derrocada do "último peronismo". Perón, líder eleito em 1973 e falecido em 1974, deixou no poder sua última mulher,

OS ESTÁDIOS DA DITADURA DISTRIBUÍDOS NA GEOGRAFIA DA ARGENTINA

O então Estádio General San Martín — batizado em homenagem ao libertador latino-americano e por causa do parque vizinho na cidade de Mendoza — foi inaugurado pelos militares em 14 de maio de 1978 — em cima da hora, para variar. Após a queda da ditadura, ganhou o polêmico nome de Malvinas Argentinas. Ele não pertence a clube nenhum, e sim à Província de Mendoza, que o aluga para os clubes locais.

Já o Estádio de Rosário Central, na santafesina cidade de Rosário, foi inaugurado em 27 de outubro de 1929 e remodelado em 1978 por causa da Copa. Seu nome, Dr. Lisandro de la Torre, homenageia um dos poucos políticos decentes da Argentina (senador rosarino pelo partido Radical) e dá nome ao bairro onde se levanta. Mas, após o Mundial, foi rebatizado de Antonio Rodenas, grande cartola da entidade, a fim de apagar um pouco a memória mundialista e militar. Desde a década de 1990 até hoje, seu novo nome é Gigante de Arroyito, por seu tamanho e porque o apelido popular do bairro é Arroyito — arroio pequeno.

Ainda para a Copa de 1978, foi construído o Estádio Chateau Carreras, em Córdoba, que também mudou seu nome, com o mesmo propósito de não deixar rastros da ditadura militar. Atualmente, chama-se Mario Kempes, em homenagem ao futebolista com maior projeção internacional da história, nascido na província. Hoje Kempes é comentarista da rede ESPN para a audiência hispanófana.

O quarto estádio construído para o Mundial é o da cidade de Mar del Plata, também assim chamado pelos militares. Logo ganhou o nome de José Maria Minella, um grande craque dos anos 1940 e 1950, nativo da cidade balneária que triunfou no River Plate e na Seleção argentina. Ou seja, dos milicos, apenas ficaram os tijolos de suas colunas e o cimento de suas grades.

então vice-presidente, María Estela Martínez de Perón, conhecida como “Isabelita”, nome que usava quando dançarina de boates centro-americanas.

O Brasil não tinha um time tão bom quanto o de 1970, mas estava invicto. E mais: foi embora da competição sem perder nenhuma partida, sendo que a Argentina, finalmente consagrada campeã, já havia perdido da Itália, e seu jogo coletivo era bastante fraco, dependendo muito de suas individualidades: Fillol, Passarella e Kempes. O Brasil, que também tinha craques, como Zico e Toninho Cerezo, funcionava um pouco melhor como time. O curioso é que os dois terminaram a primeira fase em segundo lugar de seus respectivos grupos — A e C —, a Argentina atrás da Itália, e o Brasil atrás da Áustria (por diferença de gols, nesse caso). A Argentina venceu a Hungria e a França por 2x1, em ambos os casos com muita dificuldade, perdendo da Itália de 0x1. O Brasil, depois de empatar com a Suécia em 1x1 — quando estranhamente, nos acréscimos, Zico teve um tento anulado porque o juiz Clive Thomas, de Gales, deu por terminada a partida com a bola no ar — e Espanha em 0x0, derrotou a Áustria por 1x0 para passar à segunda fase. O fato de ambos não serem os primeiros de seus grupos, como era esperado, embananou a etapa seguinte, já que esse Mundial, como o anterior, de 1974, experimentou um sistema diferente de todos os anteriores e dos atuais, nos quais, após a fase de grupos, nas demais rodadas as coisas definiam-se e definem-se no mata-mata.

OUTRAS VEZES...

A mudança de horário e até do dia de um jogo nas Copas não foi exclusividade do Mundial de 1978. A FIFA já havia ordenado alterações semelhantes em outras Copas. O fez até 1982, última vez em que a irregularidade aconteceu: nesse ano, ocorreu com jogos da rodada decisiva na fase de grupos na Espanha, disputados com um dia de diferença, ainda que programados com antecedência. Já tinha acontecido 20 anos antes, na Copa de 1962, no Chile. A última rodada do grupo A, no Mundial da Alemanha de 1974, teve Austrália versus Chile antes do esquisito duelo das Alemanhas — a organizadora ocidental contra a vizinha oriental. No mesmo grupo A de 1966, a anfitriã Inglaterra jogou contra a França horas depois de o México enfrentar o Uruguai. Só após a Copa de 1982, quando o vergonhoso jogo entre Alemanha Ocidental e Áustria, em que o resultado foi tacitamente “combinado” para que ambas passassem à fase seguinte, a FIFA decidiu que as partidas da última rodada seriam sempre disputadas simultaneamente.

Aqui não, voltavam a se formar dois grupos semifinalistas de quatro times cada — com os dois primeiros de cada um dos quatro grupos da 1ª fase jogando uns contra os outros — para depois apenas o líder de cada grupo disputar a final.

Nessa segunda etapa, de emboladas semifinais, os três sul-americanos (Argentina, Peru e Brasil) caíram na mesma chave da Polônia; Peru e Polônia tinham sido primeiros (na frente de Holanda e Alemanha, respectivamente — sim, essa Copa foi esquisita demais) nos outros dois grupos, B e D. Na nova fase semifinal, a Argentina tinha derrotado a Polônia por 2x0, e o Brasil vencido o Peru por 3x0; e haviam empatado entre eles em 0x0 na mesma data em que a Polônia derrotava o Peru por 1x0. Esses placares são importantes porque tornaram a rodada final decisiva. Assim, deviam jogar no mesmo horário, tal como indicava o regulamento original e tal como aconteceu na outra chave (Holanda versus Itália e Alemanha Ocidental contra Áustria começaram, ambos, às

O JOGO DO BRASIL, UMA "VERDADEIRA-FALSA ESPERANÇA"

O Brasil, que às 16h45 atuou com uniforme azul naquela mesma jornada ante a Polônia, perdeu Zico, machucado, aos seis minutos (substituído por Jorge Mendonça), mas abriu o placar aos 12' com gol de Nelinho — bola parada, da esquerda para a direita, distância de 20 metros, golaço. Quando terminava o primeiro tempo, na única chegada dos polacos, o artilheiro do Mundial anterior, Grzegorz Lato, aproveitou uma bola perdida na área e derrotou Leão, igualando em 1x1. Com esse placar, foram aos vestiários, e o treinador Claudio Coutinho precisou falar mais do que nunca para acertar o time. E o acertou, porque Roberto Dinamite, aos 57' e aos 63', marcou dois tentos que garantiram a vitória de 3x1.

Coutinho, que tinha sido militar e farejava a armação, queria mais gols: tirou Toninho Cerezo, substituindo-o por Rivelino. Nessa época, só podiam ser efetuadas duas substituições, mas o placar não se ampliou. Os gandulas argentinos demoravam a repor a bola, para que o Brasil não ampliasse sua vantagem. E a torcida argentina pressionava o juiz chileno Juan Silvagno para que prejudicasse o Brasil e favorecesse a Polônia, que teve bons momentos no final do jogo. Mas Silvagno apitou como bom sul-americano. O Brasil estava 90% classificado — de fato, por mais de três horas foi finalista — e, com exceção do técnico Coutinho, ninguém desconfiava da maracutaia argentina.

Escalação do Brasil: Leão (c); Nelinho, Oscar, Amaral e Toninho Baiano; Batista, Toninho Cerezo (Rivelino), Zico (Jorge Mendonça) e Dirceu; Gil e Roberto Dinamite. Reservas: Carlos, Waldir Peres, Edinho, Zé Sérgio, Reinaldo, Abel, Polozzi, Chicão e Rodrigues Neto.

13h45, um em Buenos Aires, e o outro em Córdoba). Resumindo: o Brasil estava com os mesmos três pontos da Argentina, mas tinha um gol a favor a mais e enfrentava a Polônia, que somava dois pontos e, caso ganhasse, almejava alguma chance de ser finalista se, por esses acasos da vida, o Peru derrotasse a Argentina. O Peru era o único que já estava desclassificado. Se a Argentina atuasse na mesma hora que o Brasil, não teria garantida sua passagem para a final mesmo vencendo, porque aquele gol a mais que tinha o Brasil poderia deixá-la de fora. No dia 21 de julho, os hermanos necessitavam fazer um gol a mais do que o Brasil para se igualar ou dois a mais para reverter a situação.

Uma dúvida e um cenário que só poderiam se solucionar modificando os horários, adiantando o jogo do Brasil para que a Argentina entrasse em campo conhecendo o placar e, portanto, sabendo quantos gols deveria marcar. Daí o medo da ditadura argentina de perder a Copa — seu maior triunfo num momento em que a população começava a desconfiar das atrocidades de seu governo militar — e inutilizar seus esforços para ganhar a qualquer preço, como acabou acontecendo. A FIFA, curiosamente — pois já era presidida pelo brasileiro João Havelange —, modificou o horário. Uma manobra tão grosseira quanto eficaz.

O Brasil, diante de 39.586 espectadores, no estádio General San Martín, na fria cidade de Mendoza, enfrentou às 16h45 — três horas antes — a boa equipe da Polônia e venceu por 3x1. Ou seja, esticou em três gols a vantagem sobre a Argentina, um que já tinha e mais dois desse placar. Um resultado e um saldo que alertavam a Argentina a vencer o Peru por mais de três gols. Nada impossível, claro, afinal, o Peru já não tinha qualquer chance. Só que, durante a Copa, a Argentina não havia ganhado nenhum jogo por essa diferença... Por que ganharia agora? O placar deveria ser 4x0, mas e se o Peru marcasse um gol? Então deveria se assegurar com cinco ou seis tentos para ser finalista. O time de Menotti, pelo que tinha demonstrado até então, não poderia conseguir esse resultado. Esportivamente, a Argentina parecia fora da final. Terrível. Por que a Polônia não empatou? Por que Lato não fez mais um gol, pelo menos? Perguntavam-se todos os argentinos, especialmente a cúpula militar, que tinha apostado sua continuidade e muitos milhões, entre outras coisas, nessa

Copa. "Não podemos deixar nosso futuro nos pés desse time irregular", teria dito o almirante Emilio Massera a seus dois pares da Junta Militar, Jorge Rafael Videla e o comandante da Aeronáutica, Ramón Agosti. "Deixem comigo", diria o chefe do Exército, o chamado — pela esquisita aparência física — "Pantera rosa" Videla, voz mandante e número um desse assustador trinômio.

No livro "Como eles Roubaram o Jogo", o jornalista britânico David Anthony Yallop — que escreve sobre crimes não resolvidos — relata que o general Videla chamou o capitão da Marinha argentina, Carlos Alberto Lacoste, presidente da EAM — Ente Autárquico Mundial 1978 —, e lhe deu uma ordem clara e irrevogável: "Você deve corrigir essa situação", ou seja, "garanta o resultado com o Peru". Lacoste, que tinha pouco mais de duas horas para resolver satisfatoriamente sua missão, contatou três oficiais do Exército que acompanhavam a Seleção peruana e ofereceu entre 35 e 50 milhões de toneladas de grãos da boa colheita que a Argentina fizera naquele ano. O Peru, coincidentemente, no momento, também não vivia em democracia, era mais uma nação sul-americana governada por militares... Francisco Morales

DITADURAS MILITARES NA AMÉRICA DO SUL NOS ANOS 1970

Nos anos 1970, sete dos dez países sul-americanos viviam sob regime ditatorial, isto é, sem o usufruto dos direitos democráticos e com repressão violenta. Na Argentina, a ditadura mais cruel, iniciada pelo general Jorge Rafael Videla e concluída por outro general, Reynaldo Bignone (entre eles governaram os também militares Roberto Viola e Leopoldo Fortunato Galtieri); no Chile, o regime de 17 anos do general Augusto Pinochet; no Paraguai, a ditadura mais longeva —35 anos —, do general Alfredo Stroessner, derrubado pelo também general Andrés Rodríguez, que o expulsou para o exílio no Brasil, onde viveu até sua morte; na Bolívia, a ditadura dos militares Juan José Torres, Hugo Banzer e Luis García Meza, nessa ordem cronológica; no Uruguai, o regime mais moderado, o do Conselho da Nação, comandado primeiro pelos civis Juan Maria Bordaberry, depois pelo seu vice, Alberto Demichellis, e mais tarde por Aparicio Méndez, sempre representando as Forças Armadas, até a chegada do comandante-chefe Gregorio Álvarez; no Peru, as dos generais Juan Velasco Alvarado e Francisco Moralez Bermúdez; e no Brasil, as ditaduras dos generais Emílio Garrastazu Médici (1969-1974), Ernesto Geisel (1974-1979) e João Figueiredo (1979-1985). Dessas ditaduras, três disputaram a Copa de 1970, quatro a de 1974 e três a de 1978.

Bermúdez era o Videla de "los hermanos" incas. Isso foi fundamental para o acerto imediato. Esses militares, todos de algum modo tutelados pelos Estados Unidos, entendiam que, para Morales Bermúdez, o trigo argentino era muito mais importante do que um placar que, quase certamente, seria a derrota e que em nada alteraria a classificação de sua Seleção. O Peru passava, como quase sempre, por uma situação socioeconômica complexa, o que também facilitava. Tudo facilitava: a) eram militares; b) o Peru estava fora da disputa; e c) a FIFA, como sempre, não queria problemas e olhava para o outro lado, aliás, já tinha feito sua parte, adiantando em três horas o jogo do Brasil.

Lacoste disse a Massera, Videla e Agosti que estava tudo acertado. "Pueden dormir sin frazada" ("Podem dormir sem cobertor") teria sido a frase textual que transmitiu tranquilidade. Os militares decidiram não informar o acerto ao time argentino "porque, de todo modo, eles — os jogadores — tentarão fazer a maior quantidade possível de gols, de um jeito ou de outro", diria Massera. "O importante é que o Peru tome pelo menos cinco ou seis gols", teria agregado Agosti. Aí, Videla fez o que nunca tinha feito antes de nenhum jogo: no Estádio Lisandro de la Torre, pertencente ao clube Rosário Central, desceu do camarote oficial aos vestiários para cumprimentar os craques visitantes, os jogadores peruanos. E foi na companhia do americaníssimo Henry Kissinger! A presença do diplomata, amante do futebol, não foi casual nem um ato de "papagaio de pirata". Foi a contrassenha de que estava tudo acertado nas altas esferas. Comenta-se que Kissinger nada disse naquele vestiário, mas Videla apelou à irmandade entre os povos da

HENRY KISSINGER

Nascido em 1923 na Baviera, Alemanha, de onde fugiu das perseguições nazistas, ele foi longe, tanto que se converteu no 56º secretário de Estado dos Estados Unidos — cargo equivalente ao de ministro das Relações Exteriores no Brasil. Graduado em Harvard, foi o grande articulador da Operação Condor, que desrespeitou os direitos humanos no Cone Sul. Curiosamente, em 1973, ganhou o Prêmio Nobel da Paz... Fanático por futebol, propiciou a ida de Pelé para o Cosmos, de Nova York, e, não por acaso, acompanhou o ditador Videla, da Argentina, aos vestiários peruanos no jogo da vergonha. De origem judaica, marcou época na política internacional mudando o resultado de muitos jogos políticos e, claro, também o da semifinal entre Argentina e Peru.

Argentina e do Peru, recordou brevemente que "o general argentino José de San Martín liberou os peruanos do reino de Espanha em 1820" e também falou de sua amizade com o presidente Morales Bermúdez. Há quem fale, sem documentação, que Morales Bermúdez teria ligado para esse mesmo vestiário dando algumas orientações.

Todos os caminhos conduzem à suspeita. Por exemplo, a nacionalidade do goleiro da Seleção peruana, Ramón "Chupete" Quiroga: argentino! Pior, rosarino de pura cepa, surgido nas divisões de base do Rosário Central. Coincidência? Sem dúvida, mas... Certo é que aquela quarta-feira com temperatura de quase zero grau na hora do jogo, às 19h45, é uma das máculas mais difíceis de limpar na história dos Mundiais.

Após a Copa do Mundo, o então secretário da Fazenda da ditadura militar argentina, Juan Alemann, confirmou a existência de doações argentinas ao povo peruano feitas em dias posteriores ao jogo; mas não conseguiu explicar o motivo. Atrapalhado, disse: "Esse tipo de doação não é espontâneo, sempre acontece em casos de emergência, como um terremoto, uma grande catástrofe". A eliminação argentina teria sido uma catástrofe, realmente. Para alguns observadores, não foi uma trapalhada, mas um deboche que dizia: "Aprendam, vejam como se ganha uma Copa; nós, os argentinos, somos os caras, estão vendo, seus bobinhos". Alemann não foi o

CAMISA MARCADA

A camisa do Peru sempre foi branca com uma faixa vermelha cruzando o peito da esquerda para a direita. Foi esse o uniforme usado nos Jogos Olímpicos de Berlim, em 1936 — a primeira grande história para contar do futebol peruano —, atuação que desperta orgulho no povo do Pacífico. Curiosamente, ela não foi utilizada na noite da goleada em Rosário.

Há quem fale que foi para não sujá-la. Pode ser, mas na TV da época, que "em muitos países chegava ainda em preto e branco, a tradicional camisa argentina e a principal peruana poderiam confundir o telespectador", disse uma vez o militar e cartola argentino Carlos Alberto Lacoste, justificando que o Peru utilizasse uma camisa vermelha. Por isso, pela televisão, na época, as trocas eram comuns. Em 1978, o mesmo fato aconteceu com a Polônia, que, para enfrentar a Argentina, usou sua camisa alternativa vermelha em vez da branca. Vale tanto a desculpa quanto a dúvida para o 6x0.

único a levantar suspeitas. Anos mais tarde, alguns jogadores peruanos sugeriram que a partida "não foi normal", embora ninguém tenha sido claro o suficiente para denunciar o fato de modo contundente.

No livro "Fuimos Campeones", o jornalista portenho Ricardo Gotta relata que um craque peruano teria dito, referindo-se aos militares de seu país: "Turma de merda, pelo menos distribuam o dinheiro entre nós, os jogadores". Gotta não duvida e diz que houve dois cenários nessa ação, tanto quanto na Copa toda, um criado a partir do medo que o torturador governo argentino instalou em todos os lados, e outro da corrupção, no qual se encaixa o fatídico 21 de julho de 1978. Em seu livro, relembra um diálogo público do ditador argentino com seu colega peruano, Morales Bermúdez, por meio de uma emissora de rádio de Buenos Aires, minutos após a bem-sucedida estreia do Peru no Mundial, com vitória de 3x1 sobre a Escócia. Um prenúncio do grande trabalho realizado na primeira fase, em que o time terminou em primeiro lugar no seu grupo, batendo a mesmíssima Holanda. Videla inicia essa conversa dizendo: "General, eu sinceramente desejo felicitá-lo pela vitória de seu país, que considero um triunfo latino-americano"; Morales Bermúdez lhe responde: "General, agradeço sua generosidade e todo o carinho que recebem meus compatriotas em sua estada na Argentina. Somos gratos a você". Só faltou dizer que, quando precisassem de um favor, bastava ligar para ele.

Segundo a mesma fonte, o capitão do time peruano, Héctor Chumpitaz, alguns dias antes do jogo com a Argentina, recebeu uma ligação do General Morales Bermúdez e, assim que desligou, convocou todos os seus companheiros a se reunir em seu quarto, onde disse: "O presidente me ligou, recebi um telefonema do Sr. Presidente, sim... Nos felicitou por nossos esforços aqui, e me advertiu que, se perdemos pontos nos últimos jogos, devemos entendê-lo como contingências da competição...". "Isso é tudo?", perguntou outro jogador. "Não, ele disse para tentarmos derrotar a Argentina, mas que devemos saber que isso será difícil. E que nos envia um abraço fraterno, seja qual for o resultado do jogo. Disse-me isso duas vezes." Horas depois, outro jogador pediu para que um membro da delegação, que conhecia melhor o presidente Morales Bermúdez, decifrasse a mensagem. E sua resposta foi: "Você sabe...". Esse personagem parece ter sido "Paquito" Morales Bermúdez, filho do presidente, advogado, fã de futebol e chefe da delegação. Bingo!

REVISANDO A PARTIDA, O DIREITO A DUVIDAR É LEGÍTIMO

No início, ninguém suspeitou de nada. Apenas chamou a atenção que, no primeiro minuto, o juiz francês mostrasse dois cartões amarelos para dois peruanos, perfilando a vítima da noite... Aos seis minutos, o peruano César Cueto chutou ao gol de Fillol de fora da área, como tinha feito contra a Escócia, passando a ideia de que o Peru estava no jogo. Aos dez minutos, o ponta-esquerda Juan Carlos Oblitas, que mais tarde semearia dúvidas sobre a legitimidade da partida, reclamou de pênalti. Cinco minutos depois, a jogada mais famosa de todas; num contra-ataque peruano, o hábil e veloz Juan Muñante acertou a trave... É essa manobra que muitos argentinos usam para afirmar que não houve acordo. Eles dizem: "E se a bola entrasse?". É verdade, mudava tudo... ou mais ou menos, porque com 6x1 a Argentina também se classificaria, deixando o Brasil de fora da final.

Aos 19 e 22 minutos, por duas vezes, novamente Oblitas assustou o goleiro Fillol. Só após esse lance, a Argentina começou a avançar. Aos 21', Kempes faz 0x1 sem culpa de Ramón Quiroga. Aos 38', num contra-ataque rio-platense, "Chupete" Quiroga se antecipou a Leopoldo Luque; aos 40' Quiroga faz novamente uma defesa em dois tempos, e aos 44', jogou a bola para escanteio numa tentativa de Omar Larrosa, que substituía o contundido Osvaldo Ardiles. Desse chute da esquina veio o 0x2: cabeçada de Alberto Tarantini que pôs fim ao primeiro tempo. Lembremos que a Argentina precisava de quatro gols, ou seja, dois tentos por período...

No começo do segundo tempo, José Velásquez chutou perto do gol local, mas, dois minutos mais tarde, a casa caiu: 0x3. Daniel Bertoni recebeu livre de Kempes e fuzilou Quiroga, que não tinha chances de defender esse chutão. Logo aos 50', Luque, sem marcação, porque os peruanos pararam pedindo impedimento, de peixinho, conseguiu o gol da classificação. Aos 60', Quiroga defendeu o que poderia ser o quinto, que só chegou quando René Houseman, já em campo no lugar de Bertoni, anotou aos 67': foi simples, sem marcação; ele desviou um cruzamento de Oscar Ortiz da esquerda. Tudo acabou após Quiroga impedir outro tento de Tarantini, quando ocorreu uma clamorosa falha peruana, aos 72 minutos, que Luque aproveitou tocando na saída do indefeso goleiro.

Até o final do jogo, é verdade, a Argentina poderia ter feito mais gols, fato que o craque do time peruano Teófilo Cubillas justificou assim: "A realidade é que chegamos com muitos problemas: Héctor Chumpitaz — que se despedia da seleção naquele jogo — em estado febril, Rubén Diaz e José Navarro lesionados, Muñante e eu atuamos, mas contundidos... estivemos mal, muito mal, mas do jeito que estávamos naquela noite a Argentina ganhava de qualquer um. Jogou um futebol excepcional". Pode ser, mas o direito a duvidar é tão forte quanto as argumentações dos protagonistas.

Gotta, que fez a cobertura dessa Copa pelo jornal de direita *La Prensa*, de Buenos Aires, relata ter estudado em detalhes a partida e visto os gols centenas de vezes, percebendo diversos movimentos ilógicos dos craques peruanos. Descreve cada um dos tentos argentinos e deixa claro que houve erros insólitos de jogadores que jamais poderiam cometê-los, facilitando a conversão de Kempes duas vezes, Tarantini, Luque outras duas vezes e Houseman, até completar a goleada. O primeiro tempo terminou 2x0, passando a falsa ideia de jogo difícil. No tempo complementar, a coisa foi se acomodando às necessidades "albicelestes". Um jogador peruano não identificado teria dito que "os argentinos souberam a quem 'tocar'...". Um só? "Não." Todos? "Também não..."

Em 2004, segundo fonte peruana, o zagueiro Manzo, que só olhou para Tarantini quando este fez o segundo gol argentino, teria contado num bar que o jogo tinha sido arranjado. Mais tarde, pressionado, disse que estava bêbado. O ponta-esquerda peruano Juan Carlos Oblitas, em entrevista ao jornalista brasileiro Milton Neves, no rádio, disse que esse jogo "era uma carga muito pesada para todos nós", sem explicitar esse constrangimento e se mostrando bastante incomodado com a entrevista, como temendo ser pego.

Após aquela partida, Quiroga, o goleiro argentino-peruano, transformou-se numa espécie de Barbosa (goleiro do Brasil na Copa de 1950) para os vizinhos do Pacífico. Mas não para o treinador brasileiro Elba de Pádua Lima, o Tim, que comandou o Peru no Mundial seguinte, na Espanha, em 1982, e voltou a convocá-lo. Aliás, essa é a melhor defesa para o famoso "Chupete" quando alguém pergunta pelo 0x6: "Você acha que, se eu fosse um vendido, o Tim teria me convocado novamente para outra Copa?". A resposta é não. Mas Tim nunca pensou que Quiroga ou esses peruanos fossem vendidos. De fato, são e não o são. O que fizeram, se foi feito, foi entregar um jogo que nada significava para eles a pedido de um governo militar que poderia ser duro com eles e suas famílias se descumprissem a determinação. É o que militarmente se chama de "obediência devida". É como se um soldado que integra um pelotão de fuzilamento não quisesse atirar; se ousasse contrariar a ordem, o fuzilado seria ele mesmo.

Os argentinos menos objetivos, os que defendem a legitimidade do triunfo, apoiam-se numa situação acontecida no início do jogo, quando o placar ainda estava 0x0, para justificar seu patriótico ponto de vista. É um lance em que o ponta-direita peruano Juan José Muñante chuta a bola na trave de Fillol. "E se fosse gol, que aconteceria?", perguntam, sugerindo que esse tento desmentiria ou, minimamente, complicaria o suposto acordo. É verdade. Mas Muñante era o único craque peruano que atuava fora do país, que tinha sua vida resolvida, não dependia do Peru para ser alguém ou para comer. Estava claro que jogava sua própria partida, que não sabia de nada. Aí esses mesmos argentinos otimistas replicam: "E por que o treinador não o trocou se ele podia colocar em risco a tramoia?". Porque Marcos Calderón, hoje já falecido, não estava convencido da humilhação, mas tirou do campo José Velásquez, que parecia estar inspirado... É óbvio que ninguém conhece toda a verdade, porque ela é muito fragmentada, e o quebra-cabeça se monta a partir de muitas pequenas verdades. Mas se monta, sim.

SÚMULA EM XEQUE

ARGENTINA 6x0 PERU

ARGENTINA: Ubaldo Matildo Fillol; Jorge Olguín, Luis Galván, Daniel A. Passarella [c] e Alberto C. Tarantini; Omar Larrosa, Américo Rubén Gallego (85' Miguel A. Oviedo) e Mario Alberto Kempes; Daniel Bertoni (64' René Orlando Houseman), Leopoldo Jacinto Luque e Oscar Alberto Ortíz. Treinador: César Luis Menotti.

PERU: Ramón Quiroga; Jaime Duarte, Rodolfo Manzo, Héctor Chumpitaz [c] e Roberto Rojas; Alfredo Quesada, César Cueto, José Manuel Velásquez (51' Raúl E. Gorriti) e Teófilo Cubillas, Juan José Muñante e Juan Carlos Oblitas. Treinador: Marcos Calderón Medrano.

JUIZ: Robert Charles Wurtz (França). Assistentes: Sergio Gonella (Italia) e Ferdinand Biwersi (Alemanha).

GOLS: 21' Kempes, 43' A. Tarantini, 48' Kempes, 50' e 72' Luque (2) e 67' R. O. Houseman, todos para a Argentina.

CARTÕES AMARELOS: 36' A. Quesada e 48' José Velásquez, ambos do Peru.

EXPULSÕES: não houve.

Em 2012, já na prisão, Jorge Rafael Videla, pouco antes de morrer, disse ao jornalista argentino Ceferino Reato, em entrevista exclusiva que durou mais de 20 horas: "Não houve conversa nenhuma antes do jogo, nem o governo interferiu, nem nós três, os membros da Junta Militar, tivemos participação... A história sobre o acordo com o

Peru surgiu porque o goleiro peruano nasceu na Argentina, isso agravou os rumores. Eu não coloquei um centavo do meu bolso, ninguém comprou ninguém...". Videla nem sequer explicou por que esse dia foi ao vestiário peruano com Henry Kissinger. É evidente que não iria se entregar porque, de sua truculenta gestão, existem apenas dois "méritos", ainda que controversos e discutíveis: decretar o fim do péssimo governo de Isabel Perón — viúva do ex-ditador Juan Domingo Perón — e ganhar a Copa do Mundo.

No ano de 2011, o polêmico juiz federal argentino Norberto Oyarbide pediu à Interpol a detenção do ex-ditador peruano Francisco Morales Bermúdez por crimes como sequestros e assassinatos. Na ocasião, o ex-senador peruano Genaro Ledesma revelou ao juiz que a goleada Argentina de 1978 havia sido pactuada entre os ditadores de ambos os países como parte de um acordo maior de cooperação entre os governos. Segundo Ledesma, o general Videla aceitou receber 13 prisioneiros peruanos que, em Lima, lideravam greves para derrubar o regime de seu colega Morales Bermúdez. Em troca, e tudo no âmbito da Operação Condor, que envolvia quase toda a América Latina, o ditador argentino queria a vitória na Copa. A versão do ex-senador parece fantasiosa, mas ele garante conhecer detalhes preciosos da história por ter sido um dos 13 prisioneiros. O fato é que Ledesma foi mesmo sequestrado pelo regime peruano em 1978. E mais: na quinta-feira, 25 de maio do mesmo ano — ou seja, um mês antes do início do Mundial —, um avião da Força Aérea peruana trasladou os detentos ao norte argentino, e, daí, em outro avião, agora argentino, foram transportados para Buenos Aires. Semanas mais tarde, todos viajaram em condição de exilados para Paris.

"Videla nos aceitou como prisioneiros de guerra com a condição de que o Peru permitisse o triunfo da Argentina na Copa do Mundo", disse o ex-senador a quem desejasse escutá-lo. "Isso tinha importância para Videla. Ele precisava da vitória para limpar a imagem da Argentina no mundo", completa. Mas Videla era um visionário? Estava apenas "abrindo o guarda-chuva caso chovesse"? Tudo foi uma incrível coincidência? É verossímil a versão de Ledesma? E as 14 mil toneladas de trigo ao Peru pagaram o quê, se já estava tudo previamente acertado por causa da troca de prisioneiros? A Operação Condor era o plano de coordenação de ações entre as cúpulas dos regimes ditatoriais do Cone Sul (Chile, Argentina, Brasil, Paraguai, Uruguai, Bolívia e, às vezes, outros vizinhos como Peru), sob a tutela dos Estados Unidos, especificamente da CIA (Agência Central de Inteligência). Kissinger era o mentor intelectual da Operação, e os militares de cada país, seus fantoches. Esse processo ditatorial coletivo e conivente consumiu mais de uma década da história subcontinental, de 1970 a meados de 1980.

O Brasil, que voltou invicto da Copa, disputou o terceiro lugar, derrotando a Itália, e subiu ao pódio na fotografia oficial. Foi aí que a Seleção verde-amarela cunhou a expressão, válida até hoje e justa nesse caso, de "campeão moral". O Peru, com mais pena que glória nesse momento, retornou a Lima

OPERAÇÃO "CONDOR 1": A UNIÃO DE SETE DITADURAS

Também conhecida como "Carcará" no Brasil, era uma ação conjunta de repressão a opositores das sete ditaduras militares da América do Sul na década de 1970. Foi batizada de Operação Condor em uma tentativa de comparar-se com a segunda maior ave no mundo, forte e astuta caçadora que sobrevoa exclusivamente as máximas alturas da cordilheira dos Andes. Sua atividade, idealizada pelos Estados Unidos, visava reprimir até eliminar os grupos rebeldes contrários aos regimes militares do Cone Sul, como os Tupamaros uruguaios, o ERP e os Montoneros argentinos, a subversão pré-Sendero Luminoso no Peru, a guerrilha boliviana, a paraguaia, e qualquer movimento tachado de subversivo, como a ALN e o MR-8, no Brasil, e o MIR e o Frente Patriótico Manuel Rodríguez, no Chile.

Nunca antes houve uma aliança tão importante e silenciosamente devastadora na região, como a criada na Escola das Américas, nos EUA, que os militares sul-americanos implantaram nas suas Escolas Nacionais de Guerra mediante a chamada Doutrina de Segurança Nacional. Funcionou com o apoio dos serviços secretos nativos, orientados pela CIA e pelo Departamento de Estado americano, envolvido então na Guerra Fria com a União Soviética, que tentava expandir seus tentáculos no subcontinente mais austral do mundo.

A existência da Operação Condor ficou comprovada em 1992, quando, no Paraguai, descobriram-se documentos que selavam um acordo assinado por todos os países do Cone Sul para "cooperar na repressão aos grupos e indivíduos opositores dos regimes militares governantes", como ficou demonstrado nas trocas de presos políticos. O futebol também jogou essa partida em tempos de mundiais.

sem recepção nem vaias. A Argentina, no estádio Antonio Vespucio Liberti, ou "Monumental", do River Plate, em Buenos Aires, derrotou na prorrogação a Holanda, sob o olhar atento dos três militares que deram à Argentina sua primeira Copa do Mundo: Jorge Rafael Videla (Exército), Emilio Eduardo Massera (Marinha) e Orlando Ramón Agosti (Aeronáutica). Videla faleceu em 17 de maio de 2013, no cárcere de Marcos Paz, onde cumpria pena de prisão perpétua, aos 87 anos. Massera, julgado e condenado à prisão perpétua em 1985, mas indultado pelo governo de Carlos Menem, morreu na tarde de 8 de novembro de 2010, vítima de uma hemorragia cerebral; tinha 85 anos. E Agosti, declarado culpado em oito casos de tortura e sentenciado a três anos e nove meses de prisão (a menor das penas), faleceu em 6 de outubro de 1997, aos 73 anos, vítima de câncer, no Hospital Aeronáutico de Buenos Aires. Na época, César Luis Menotti fez silêncio, e hoje, quando perguntado, afirma que não sabia de nada, nem que os militares assassinavam cidadãos, nem do arranjo da partida. Vergonha, dúvida e dívida. O fim da inocência.

OPERAÇÃO "CONDOR 2": O GESTO DE REINALDO

O centroavante brasileiro Reinaldo, maior ídolo do Atlético Mineiro, não se calou quando, anos depois, o enfocaram as câmeras da Rede Globo (no Fantástico). Ele reconheceu que, antes da Copa de 1978, teve um encontro com o general Ernesto Geisel, no Palácio de Piratini: "Você joga bola, não fale de política, deixe a gente resolver os assuntos da política", disse o presidente da ditadura para o craque que não escondia sua vontade de ver o Brasil de volta à democracia. Reinaldo também revelou que, na concentração brasileira na Argentina, recebeu um envelope anônimo com um relatório que denunciava "a colaboração entre os regimes militares da América do Sul na perseguição de adversários políticos"; a chamada Operação Condor. Naquele papel, colocava-se em dúvida até a morte de Juscelino Kubitschek, dois anos antes, na Via Dutra, acidente que em 2014 voltou a ser questionado. O craque entregou o envelope ao compositor Gonzaguinha, combatente ideológico da ditadura, que — curiosamente — também morreu num acidente de trânsito mais tarde.

Reinaldo lembrou que comemorava seus gols pulando com o punho erguido no ar, mas a comissão técnica, integrada por militares, o aconselhou a não fazer "esse gesto revolucionário, típico do socialismo". Quando fez o primeiro gol do Brasil na Copa contra a Suécia, foi desobediente e pulou com o punho erguido... Coincidência ou não, Reinaldo acabou perdendo a titularidade para Roberto Dinamite.

CONTRAPARTIDA VIII

ALEXANDER I REI DA IUGOSLÁVIA...

Alexander I, rei da Iugoslávia e também rei dos sérvios, croatas e eslovenos, foi peça-chave para a participação de seu país na primeira Copa do Mundo, na qual havia apenas quatro países europeus. Jules Rimet, presidente da FIFA e inventor da disputa, escutou diversas justificativas das nações da Europa para não competir no Uruguai. A primeira era sua declarada rebeldia pela Copa não estrear no Velho Continente, onde o futebol havia nascido e onde estava a sede da FIFA. A segunda e principal razão era que o Uruguai, bicampeão olímpico, não poderia perder em casa. E pior, sua vizinha Argentina, vice-campeã olímpica, jogaria no seu quintal: então, para que viajar? Para perder? Não parecia um plano atraente. De fato, a França veio só por causa da pressão exercida pelo próprio Rimet, mas nem sua principal estrela, Manuel Anatol, nem seu treinador oficial, Gastón Barreau, acompanharam a delegação. A Bélgica participou porque seu compatriota e vice-presidente da FIFA, Rodolphe Seeldaryers, obrigou a Federação belga a fazer as malas. Romênia e Iugoslávia, as outras duas nações da Europa presentes, embarcaram por pedido de seus respectivos reis.

A Iugoslávia era um país jovem, com apenas doze anos, e o futebol já despertava rivalidade entre as diferentes etnias que o integravam. Cada região tinha seu futebol e seus craques. Esses países, hoje livres e independentes, são Bósnia-Herzegovina, Eslovênia, Montenegro, Macedônia, Croácia e Sérvia, além da província de Kosovo. Os quatro primeiros, então pouco relevan-

...E O FINANCIAMENTO AOS SÉRVIOS PARA A SUA MELHOR ATUAÇÃO

tes futebolisticamente, preferiam ficar de fora mesmo. A Croácia, que já jogava muita bola, não aceitou se unir aos outros para viajar a Montevidéu. Só a Sérvia estava bem disposta, mas sem dinheiro.

Assim, o rei Alexander I Karađorđević tomou a decisão final: a Iugoslávia se apresentaria apenas com uma Seleção de craques sérvios, montada sobre a base de dois clubes rivais de Belgrado: o BSK — atual OFK, que na época tinha as duas grandes estrelas do país, os atacantes Blagoje "Moša" Marjanović e Aleksandar "Tirke" Tirnanić — e o SK Jugoslavija — dissolvido em 1945. Jogariam reforçados com mais três sérvios que militavam em clubes franceses (Ivan "Ivica" Bek e Ljubiša "Leo" Stevanović, do FC Sète, e Branislav "Bane" Sekulić, do Montpellier HSC). O próprio rei custearia o périplo da que seria a Seleção mais jovem da história das Copas: média de 21 anos e 258 dias. Curiosamente, a situação era semelhante à que acontecia no Brasil quando, finalmente, os paulistas desistiram de participar e o país foi representado pela Seleção carioca: só o artilheiro Araken Patuska, no momento brigado com o Santos FC, jogou o Mundial sem ser do Rio.

Alexander I, nascido no Principado de Montenegro, antes de reinar na Iugoslávia, foi príncipe regente da Sérvia. Por isso, não titubeou em escolher essa Seleção para representar a todos. O rei de 41 anos, que estudou na Suíça e na Rússia, não era o herdeiro direto; mas seu irmão mais velho, George, que deveria continuar a linhagem, teve de renunciar ao trono por problemas mentais. Assim, em 1929, Alexander conquistou um lugar inesperado e, em busca de aceitação, se mostrou a favor do esporte. Casado com Maria da Romênia, ele também consultou o rei desse país, seu cunhado Carol II (ver página 24), que assumia o poder nesse momento. E ambos, de modo coincidente — e demagógico? —, enviaram suas Seleções a Montevidéu.

Fora isso, em 1930, Alexander I vivia momentos particularmente complicados e precisava se congraçar com parte da população. Um ano antes, em 6 de janeiro de 1929, em resposta à crise política desencadeada pelo assassinato de Stjepan Radić, fundador do Partido Camponês Popular Croata, aboliu a Constituição, prorrogou o Parlamento e introduziu uma ditadura pessoal conhecida como "a ditadura do 6 de janeiro". Logo, também, mudou o nome do país para Reino da Iugoslávia, trocou as divisões políticas internas e tentou banir, por decreto, o uso da língua cirílica, com o intuito de promover o alfabeto latino no país. Não conseguiu. O futebol foi, então, a ferramenta utilizada para se reaproximar de seu povo.

Para felicidade do rei Alexander I, mais tarde chamado de "O Unificador", a desaparecida Iugoslávia foi a terceira colocada nessa primeira Copa do Mundo, sua melhor classificação histórica. Vale lembrar que, em 14 de julho, derrotou o Brasil por 2x1 no Parque Central de Montevidéu, pela fase de grupos. ●

NO PRIMEIRO JOGO DA HISTÓRIA DAS COPAS, A IUGOSLÁVIA DERROTA O BRASIL (FICHA TÉCNICA)

14/07/1930 (12h45) – BRASIL 1x2 IUGOSLÁVIA - Estádio Parque Central de Montevidéu (Uruguai). PÚBLICO: 5.000. Juiz: Anibal Tejada (Uruguai), assistido por John Balway (França) e Ricardo Vallarino (Uruguai).

IUGOSLÁVIA: Milovan Jaksic; Ivkovic, Dragan Mihajlovic; Arsenijevic, Ljubiša Stefanovic, Djokic; Tirnanic, Marjanovic, Ivan Bek, D. Vujadinovic e Branislav Sekulic. Treinador: Bosko Simonovic.
BRASIL: Joel; Brilhante, Luiz 'Itália' Gervazoni; Hermógenes Valente Fonseca, Fausto do Santos, Fernando Giudicelli; Poly, Nilo, Araken, Preguinho, Teóphilo. Treinador: Píndaro Carvalho Rodrigues.

GOLS: Tirnanic (21'/1° tempo, 0x1), Bek (30'/1° tempo, 0x2) e Preguinho (17'/2° tempo, 1x2).

CAPÍTULO IX

A COPA QUE ACORDOU O DIABO

Na última ditadura iraquiana, Uday, filho mais velho de Saddam Hussein, fez do esporte um laboratório de torturas, e dos craques, um álbum de vítimas indefesas, incluindo a "geração de ouro", que defendeu o país no Mundial de 1986. Em sua sádica estratégia, só o medo venceu. O absurdo: a Seleção do Iraque se autoeliminava em fases classificatórias para não enfrentar o Irã, seu clássico adversário, porque, caso não ganhasse, os castigos se duplicavam...

Um dos últimos ditadores dos tempos modernos foi o iraquiano Saddam Hussein. Seu fim é tão polêmico quanto foi seu governo. Ele acabou morto por um crime múltiplo de lesa-humanidade, mas foi "invadido" por conta de uma acusação não comprovada, a de esconder armamentos nucleares de destruição em massa. Sua família não era das melhores. E, como em muitas dessas histórias, alguns de seus herdeiros pioraram a espécie. Um de seus filhos, Uday — também Odai, pronuncia-se "aw-day" —, foi ainda mais diabólico do que Saddam. Uday sempre desejou ser atleta, mas nunca teve virtudes para sequer dissimular essa condição. Era perna de pau para o futebol e sem habilidade para nenhuma outra atividade esportiva. Diz-se que mal conhecia as regras do jogo, que discutia o indiscutível — fruto de sua dramática ignorância — e tomava decisões equivocadas. O mesmo acontecia com qualquer outro assunto. Entretanto, ele foi presidente do Comitê Olímpico de seu país e presidente da Federação de Futebol, onde era assíduo. Uday, o mais velho dos cinco filhos que Saddam teve com sua prima Sajida, não apenas tinha o poder que o pai lhe outorgava, também era quem pagava as contas para que o esporte "funcionasse" no país. Assim, sua onipotência era incontestável. Como na maioria dos jovens sem méritos, sua dificuldade para administrar todo esse poder era evidente. Na realidade, isso ficou claro após a participação do Iraque na Copa do Mundo de 1986, primeira e única vez que o país classificou para a fase final. Na época, ele tinha apenas 22 anos e, já convencido de que nunca jogaria bola como os outros meninos, decidiu ser cartola sem que ninguém se opusesse a tal desejo. O futebol do Iraque tinha, naquele tempo, a chamada "geração de ouro": o time jogava bem, apesar de ser um esporte relativamente novo no país. Mas, pela própria inexperiência,

O REGIME DE SADDAM HUSSEIN: 24 ANOS DE PODER ABSOLUTO

De origem árabe, Saddam Hussein Abd al-Majid nasceu em 28 de abril de 1937, em Tikrit, Iraque. Morreu na capital Bagdá, no dia 30 de dezembro de 2006. Ditador iraquiano, ele foi presidente do país por 24 anos, entre 16 de julho de 1979 e 9 de abril de 2003, acumulando o cargo de primeiro-ministro nos períodos de 1979-1991 e 1994-2003. Antes disso, sendo vice-presidente do General Ahmed Hassan al-Bakr, enfermo, aproveitou-se e criou as forças de segurança com as quais controlou a então instável política local — de origem sunita, montou seu governo com essa etnia, que representa apenas um quinto da população de 31 milhões de habitantes: xiitas e curdos foram controlados. Nacionalizou o petróleo e tomou o controle dos bancos estatais com os quais financiou a Guerra Irã-Iraque, a Guerra do Golfo, e com eles sobreviveu às sanções econômicas aplicadas pela ONU por seus crimes. Sempre agressivo com Israel, incluindo ataques com mísseis, ele foi amplamente condenado pela comunidade internacional, mas só em março de 2003 uma coalizão liderada pelos Estados Unidos e pelo Reino Unido invadiu o Iraque e o depôs sob a dupla acusação de possuir armas de destruição em massa e de ter ligações com a Al-Qaeda. Seu partido, o Baath, foi dissolvido, e a nação viveu uma transição para um sistema democrático. Capturado em 13 de dezembro de 2003 — na chamada Operação Red Dawn —, seu julgamento ocorreu sob o governo interino iraquiano, que três anos mais tarde o condenou à morte por enforcamento pelo assassinato, em 1982, de 148 xiitas iraquianos. A execução de Saddam Hussein aconteceu em 30 de dezembro de 2006. As armas de destruição em massa que originaram a invasão americana nunca foram encontradas.

perdeu as três partidas no Mundial do México, ainda que não tivesse dado vexame em nenhuma delas. Na estreia, caiu diante do então talentoso Paraguai por 0x1. Na segunda partida, perdeu para a poderosa Bélgica — que foi semifinalista, eliminada pela campeã Argentina de Maradona —, mas fez seu primeiro e único gol na história das Copas: 1x2. E no jogo de despedida, foi derrotado pelo anfitrião, México, também pela mínima diferença: 0x1. Foi uma atuação fantástica para um estreante e, mais ainda, para um país sem tradição no futebol. Era para se aplaudir e começar, a partir daí, um trabalho de superação. Pena que Uday decidiu intervir, achando que faria aquele time vencer por meio de seus métodos terroristas. Destruiu tudo. Especialmente ilusões.

Durante a década seguinte, Uday semeou o medo. Em particular após o atentado sofrido em 1996, no qual foi gravemente ferido (esteve paralisado por um tempo). Essa circunstância mudou definitivamente sua personalidade e sua saúde, que ficou fragilizada. A partir daí, ele encarnou o diabo, distribuindo apenas ódio e maldade. Como sempre acontece, antes disso o entorno o parabenizava quando tinha de criticá-lo, tanto que Uday se achava querido e popular. O atentado de 1996 o trouxe para a realidade: ele era detestado. Portanto, "se não me amam, vou lhes mostrar do que sou capaz". E o demonstrou. Para que seu método ficasse claro, escreveu as instruções que treinadores e craques deviam obedecer, incluindo um "castigômetro". Ele descreveu inclusive quantas vezes cada jogador devia ser batido nas solas dos seus pés depois de uma exibição particularmente pobre. Uday, que media quase dois metros de altura e era chamado de Calígula, montou uma equipe de espiões e executores das punições, mas muitas vezes ele mesmo aplicava esses castigos: orgulhava-se de ter sangue nas mãos.

Praticamente todos os funcionários do Comitê Olímpico Iraquiano e da Federação de Futebol Iraquiana, tanto quanto os oficiais do Exército e os policiais do país, tinham a obrigação de informá-lo diariamente de qualquer anormalidade com os craques. Para puni-los, obviamente. Sua perversão foi tamanha que infiltrou espiões em todas as áreas para sempre ter uma justificativa e não deixar passar um dia sem humilhar alguém. Entre os jornalistas, trabalhava para ele o fotógrafo Adib Shaban; na equipe técnica, colocou de assistente um tal de Adnan Hamman e, entre os jogadores, infiltrou Samir Borhan. Assim, nada escapava de seu conhecimento. Habib Jafar, antigo capitão iraquiano, disse: "Nunca soube de ninguém desrespeitar as ordens de Uday, de tanto que era o medo". Uday, inclusive, não escutava propostas ou conselhos nem de seus mais íntimos, e passava ordens pelo telefone, aos berros, xingando, no viva-voz, dizendo obscenidades e, sempre, ameaçando. Convocava todos os craques, no mínimo um par de vezes por ano, no escritório que ocupava no Comitê Olímpico, ou até no próprio palácio. Queria ver o pânico nos olhos de seus atletas.

Seu pai, Saddam Hussein, nunca usou os esportes com finalidades políticas. Seu sogro, Hussein Kamael, sim, tanto que em 1984, após algumas derrotas militares, montou um torneio para que o triunfo do time do Exército, se fosse campeão — como foi —, melhorasse o moral dos soldados. Eles venceram as equipes dos ministérios, da polícia e dos presídios políticos. Os árbitros eram orientados a prolongar os jogos até que a equipe do Exército vencesse. Pobres dos juízes se não ganhasse quem tinha de ganhar: nenhum aiatolá os salvaria. Foi nesse tempo que, pela primeira vez, infelizmente para os atletas, Uday se entusiasmou com o futebol e viu nos esportes um modo de aparecer. Pena que ele fez da prática do futebol um martírio, e não um prazer. Sua frase preferida era: "No esporte, pode-se perder ou vencer. Só que aqui, no Iraque, quem perde é melhor não voltar

DUAS VEZES RORAIMA COM UM PIB CEARENSE

A República presidencialista do Iraque ocupa uma área de 434.128 km² no sudoeste da Ásia: o equivalente a duas vezes o estado brasileiro de Roraima. Assim, os 40 milhões de habitantes constituem uma densidade demográfica de 64 hab./km², quase o triplo da do Brasil. O clima é tropical árido, e sua moeda é o dinar iraquiano. Fala-se árabe e curdo. A principal religião é o islamismo, praticado por 97% da população, composta por 81% de árabes iraquianos, 14% de curdos e 5% de outras etnias. Comemora sua independência no dia 3 de outubro. Suas cinco principais cidades são Bagdá (capital) Mosul, Irbil, Kirkuk e Basra, nessa ordem. A taxa de analfabetismo é de 15%, e seu PIB de US$ 167 bilhões é semelhante ao do Ceará (mas a renda per capita, de US$ 4,154, é dois terços da brasileira). Produz trigo, tâmara, cevada, milho, beterraba, cana-de-açúcar, frutas, bovinos, caprinos, ovinos, aves, petróleo, enxofre e minérios de ferro.

para casa...". Jornalistas ingleses relataram que, num jogo de qualificação da Liga Árabe, na Jordânia, após três empates contra os Emirados Árabes Unidos, a Seleção do Iraque teve de decidir em disputa de pênaltis. Mas nenhum jogador iraquiano queria cobrar as penalidades. No Ocidente, isso às vezes acontece porque falta confiança a alguns craques; há quem, nessa altura da partida, esteja cansado, outros nunca chutaram um pênalti. Para muitos, a responsabilidade os faz desistir, pois sabem que a torcida e a imprensa se lembrarão disso sempre, temem o fracasso esportivo. No Iraque da era Saddam, ninguém pensava apenas nisso. Lá a humilhação esportiva era o menor dos males. Perder um pênalti significava prisão na certa e, muito possivelmente, tortura sem piedade. Quase um crime de guerra. Finalmente, três craques tiveram coragem de cobrar as penalidades naquela partida. Um deles, o meio-campista Abbas Rahim Zair, que caminhou até o ponto do pênalti "com uma oração na boca e o coração nas chuteiras", o fez pensando — segundo suas próprias palavras — que "se ninguém assumisse a responsabilidade, todos seriam castigados, então, melhor alguns correrem o risco do que todo mundo passar pelos castigos".

O gesto solidário de Zair não iria se repetir nunca mais, pois seu arrependimento foi grande. Seu chute falhou, e o Iraque foi desclassificado. Quarenta

O ANO DA MALDADE E O ASSASSINATO DOS CUNHADOS

1996 foi o ano que transformou o já impiedoso Uday num homem pior; foi quando sofreu um atentado contra sua vida que o afastou de tudo por um tempo, período no qual andava em cadeira de rodas. Como sua polícia secreta nunca encontrou os francoatiradores que o balearam, ele ficou raivoso com todos aqueles que o rodeavam. Sua primeira obra maligna foi acusar de traição e matar seus dois cunhados, Hussein Kamel e Saddam Kamel, casados com suas irmãs Raghad e Rana. Hussein Kamel, ex-chefe de indústrias militares do Iraque e, segundo a CIA, peça-chave no programa de armas "não convencionais" do país, havia desertado para a Jordânia em agosto de 1995 com seu irmão, que tinha sido chefe da guarda pessoal do pai, o ditador Saddam. As crônicas relatam que os dois foram atraídos de volta a Bagdá com promessas de uma anistia, nunca cumpridas. Uday os matou sob a acusação de desertar e, infundadamente, ameaçar seu pai. Apenas Ali Izzat, um ex-militar, foi acusado de participar do atentado, e só porque seu carro foi encontrado no bairro Mansur, de Bagdá, perto do local da tentativa de assassinato. Izzat recebeu "o seu", como é de se imaginar.

e oito horas mais tarde, já de volta à capital, Bagdá, Zair foi convocado para a sede do Comitê Olímpico do país, o covil de Uday Hussein... Sabia que não era coisa boa. Mas precisava ir, não tinha opção. Vendaram seus olhos e o trasladaram por três semanas para um campo de prisioneiros, onde, claro, foi maltratado como se fosse um assassino em série. Alguém já imaginou o que teria acontecido com Zico, por exemplo, ou com o italiano Baggio, quando perderam seus pênaltis na Copa do Mundo de 1986, se fossem iraquianos? Por isso, quando os soldados de George W. Bush desembarcaram no país do rio Tigre, muitos cidadãos como Zair e seus familiares sorriram pela primeira vez em muitos anos, sem se importar se a missão americana encontraria ou não armas nucleares.

A ameaça psicológica preferida de Uday, jamais concretizada, era a de explodir o avião com a equipe dentro, quando retornasse para Bagdá após uma derrota. "Um dia vão se despedaçar no ar", dizia rindo antes das partidas internacionais. O clássico esportivo do país é com seu vizinho Irã. Perder esse jogo na era Saddam/Uday era o pior que podia acontecer. Por isso, em mais de uma ocasião, os craques se autoeliminavam de propósito antes desse jogo, para evitar o confronto com o vizinho. "Melhor perder antes com qualquer outro time do que cair com o Irã numa fase final, pois nesse caso os castigos

O PROVADOR DE COMIDAS NÃO ERA UMA FANTASIA OCIDENTAL

Em seu período de maior ódio, no ano de 1998, Uday matou Hana Jajo (ou Gegeo), o homem que sempre levava mulheres para o clã e que apresentou Saddam Hussein à sua segunda esposa, Samira, mãe de seu último filho, Ali. Mas Jajo era, principalmente, o mais confiável provador de comida (caso estivesse envenenada) do país. A morte está descrita em alguns jornais europeus deste modo: "Uday, que era muito próximo de sua mãe, não gostou do fato de Jajo apresentar outra esposa a seu pai, por isso, quando preparou uma festa para recepcionar Suzanne Mubarak, esposa do então presidente do Egito, Hosni Mubarak, encontrou sua chance de vingança. Organizou a festa no palácio, nas margens do rio Tigre, no centro de Bagdá, só que do outro lado do rio, na Ilha dos Porcos, Jajo também deu uma festa se divertindo com disparos para o ar, incomodando Uday. O cruel tirano cruzou o Tigre e pediu para que seu amigo e provador de comidas parasse, só que Jajo, bêbado, não parou, disparou novamente. Uday o matou. Uns dizem que foi com um tiro na frente de todos, outros contam que com uma serra elétrica, no dia seguinte".

se multiplicavam", confessaram vários ex-jogadores e ex-vítimas após o fim do regime dos Hussein. "Não nos permitiam dormir até que capturássemos uma mosca fêmea. Cada inseto que pegávamos, eles diziam que era macho e nos batiam. Como poderíamos saber o sexo das moscas?" Ainda assim, o pior castigo, num país tão religioso, era quando obrigavam os atletas a desobedecer à lei islâmica. Depois os castigavam por quebrá-la. Muitas dessas histórias estão registradas no livro de Simon Freeman, "Bagdá Football Club, a Tragédia do Futebol no Iraque de Saddam". É de arrepiar!

Quando ministrava palestras motivacionais para os jogadores, na qualidade de presidente da Federação de Futebol do Iraque, o jovem e absurdo Uday ameaçava cortar as pernas dos craques ou jogá-los aos cães vorazes da família, como de fato foi feito algumas vezes. O método é praticado ainda hoje e tido como legítimo, mesmo sem Saddam no poder. A imprensa não falava nada, porque os castigos para os jornalistas seriam superiores aos dos próprios craques. Mesmo que pareçam relatos medievais, esse universo era assim até uma década atrás. É bom conhecê-los para saber que

CZAR DA MÍDIA

Como filho mais velho do homem que fazia e desfazia no país, Uday também se converteu no czar da mídia do Iraque. O jornal diário *Babil* e o semanário *Rafidayn* estavam sob seu controle tanto quanto a estação de televisão Al-Shabab e o popular programa TV Juventude, só para citar alguns dos principais veículos locais. Uday tinha ido além de seu pai — ele sabia que quem controla a informação exerce grande poder e via nesse monitoramento dos jornalistas um modo de substituir Saddam algum dia. Após a revolta de 1993, assumiu parte do trabalho do Ministério da Cultura e Informação, que normalmente censurava a imprensa. Além disso, se apropriou de algumas emissoras de rádio para que ninguém mais falasse das violações dos direitos humanos que começavam a circular nas ruas. A FM Iraque, a estação de rádio mais popular do país, era sua criação e transmitia uma eclética mistura de música americana, britânica e loas (canções autoelogiosas). O mulherengo Uday também controlava as organizações estudantis fiscalizando as atividades culturais tanto quanto as esportivas das "próximas gerações". Cerceada, a imprensa só falava de suas obras e nunca mencionava suas torturas. Os jovens estudantes nada sabiam. A propaganda era com ele. Uday também controlava o Sindicato de Jornalistas do Iraque. Os Estados Unidos, quando mataram Saddam Hussein, de algum modo também impediram que esse monstro chegasse ao poder sucedendo seu pai.

tudo, sempre, pode ser pior do que aquilo que achamos ruim. Alguns jogadores iraquianos contaram ao jornal londrino *The Guardian* que "faltar aos treinos, mesmo que fosse para ajudar uma criança doente ou ir a um funeral, significava prisão". Uday nunca percebeu que esse método, longe de obter resultados positivos, paralisava os jogadores, quando não os afastava

SÁDICO, ALÉM DE CRIMINOSO, UDAY TAMBÉM ERA TARADO

A pior reputação de Uday, se é que cabe aqui uma escala de horrores, ele a tinha entre o sexo feminino. Era um tarado convicto. Assim como decidia a convocação de craques para a seleção de seu país, também convocava para sua sala qualquer menina que chamasse a sua atenção. Inclusive mulheres casadas. Era frequentemente acusado de estupros que nunca eram provados. Forte fisicamente, não precisava de ajuda para violentar nenhuma mulher. *Playboy* e vaidoso, viu-se feio e frustrado quando foi baleado em 1996, o que quase o impossibilitava de caminhar — nos últimos anos, sempre estava com uma bengala. Por isso, só se exibia em carrões esportivos e não ia atrás de ninguém, simplesmente mandava levar para sua casa a quem desejava "conhecer mais intimamente". Entre suas excentricidades, possuía no próprio palácio um zoológico pessoal com animais exóticos como leopardos e leões, para divertir as amantes e prostitutas. Após a invasão americana, em seus aposentos foram encontradas drogas, principalmente heroína — no valor de um milhão de dólares —, uma adega com álcool de todo tipo, vinhos finos, licores do mundo inteiro, pílulas para a virilidade, ginseng, anticorpos para o vírus HIV, como Accurite, e medicamentos antidepressivos, principalmente Prozac; tudo espalhado pelo cômodo, assim como charutos cubanos com seu nome impresso e uma garagem subterrânea com uma incrível coleção de carros esportivos. Seu quarto estava decorado com fotos de mulheres nuas, que exibiam bilhetes com a letra dele — muitas eram imagens baixadas da internet. Ao lado, havia outra mansão, supostamente para as amantes, com estatuetas, brinquedos para o amor, almofadas especiais, sofás de raras formas, piscina, bar e um "santuário" para preliminares. Um obcecado sexual.

Violento, numa festa Uday espancou um guarda-costas de seu pai até a morte, porque mal o olhou quando cantou a mulher que o acompanhava — isso lhe custou um castigo do pai: um breve exílio, em 1988, na Suíça. Em 1983, bateu num oficial do Exército até deixá-lo inconsciente, por não permitir que dançasse com sua esposa — mais tarde, o oficial morreu. Uday também disparou contra um oficial do Exército por não saudá-lo na frente de uma moça. As coisas não eram melhores no ambiente familiar, onde a relação com seus tios, especialmente Barzan Ibrahim Hasan, era ruim após se divorciar da filha de um deles, em 1995, depois que ela reclamou ser vítima de violência de gênero. Também baleou outro tio, na perna, Watban Ibrahim Hasan — ambos os tios foram capturados após a guerra e, ainda em 2014, estão sob a custódia das forças de coalizão dos EUA. Uday teve dois breves casamentos.

definitivamente. Afinal, quem poderia desejar defender a Seleção iraquiana? “A perda de um jogo ou até um empate acarretava flagelação, castigos com cabo elétrico, ou um ‘simples’ banho no esgoto da prisão.” Os craques lembram que, para eles, Uday estava sempre presente no treino, no jogo ou na tortura, ainda que não estivesse fisicamente. Era como um fantasma persecutório que os colocava em campo para ganhar, mas amarrava suas qualidades com o medo que incutia. Pelo menos não deu banhos ácidos em nenhum jogador, como costumava fazer com os prisioneiros políticos.

Sempre que Uday recebia os atletas, estava rodeado por meia dúzia de seguranças armados. Temia por sua vida, mas não deixava de agredir e criar inimigos. Só ele falava nessas reuniões, ninguém mais. Muitas vezes, escolhia alguém para exemplificar seus castigos, ainda que o escolhido não o merecesse; era apenas para catequizar os demais. O craque Jafar, que teve a chance de jogar no Qatar por cinco anos, confessou que entregava 40% de seus lucros ao próprio Uday, sob ameaça de impedir que fosse ao Qatar e de castigar severamente sua família, que, de algum modo, ficava refém em Bagdá. Esse percentual era a taxa que todos os craques do país pagavam para o filho de Saddam quando eram contratados no exterior. Jafar disse aos correspondentes, tempos depois, que “fui punido mais do que qualquer outra pessoa, tinha que subir uma escada de 20 metros e saltar dela para uma cuba de esgoto, cheia de insetos, com mau cheiro; mas era obrigado a cair nessa armadilha, pois se me recusasse receberia mais e mais espancamentos, o que era pior”. Segundo Jafar, “Uday nunca permitiu que nos aposentássemos”. O tirano administrava a carreira dos craques, vivia deles, era notoriamente ganancioso, escandalosamente corrupto e estupidamente exibido. Não se contentou apenas em manipular o poder esportivo, mas também fez carreira política — forjada — imaginando que um dia poderia suceder seu pai; foi eleito com 99% dos votos para a Assembleia Nacional. Isso foi na primavera de 2000, mas levou sete meses para ocupar sua cadeira pela primeira vez: estava gordo e não queria se mostrar publicamente até emagrecer... Foi, ainda, chefe da organização paramilitar Fedayeen Saddam. Não há nada de bom para falar dele.

A ONG Indict, de Londres, que defende vítimas de violações de direitos humanos pelo mundo, informou que uma vez Uday obrigou um grupo de corredores olímpicos a rastejar no asfalto quente, recém-derramado, enquanto os espancava — aqueles com piores resultados esportivos foram jogados do alto de uma ponte. A organização também conta que Uday tinha uma prisão especial para atletas. Um desertor relatou que os jogadores de futebol presos foram obrigados a disputar uma partida com uma bola de concreto quando não conseguiram chegar às finais da Copa do Mundo de 1994, nos Estados Unidos. "Eu queria muito disputar esse Mundial, e vocês impediram", reclamava Uday. Outro desertor contou que alguns atletas foram arrastados por uma cascalheira e depois mergulhados num tanque de esgoto, com a intenção de contaminá-los.

Monstruoso, sádico, cruel, patético, de mau gosto, drogado, raivoso, Uday foi o homem mais odiado do Iraque. Por isso, um articulista do Reino Unido comparou a exposição de seu cadáver, assim como os de seu pai e irmão, com a violência exibicionista dos guerreiros troianos, com as humilhações públicas dos tempos bíblicos e com a crucificação utilizada pelos romanos. Referiu-se, ainda, à Inglaterra de 1535, quando Sir Thomas More foi executado e teve a cabeça exibida por um mês na Ponte de Londres, também ao júbilo italiano no fim da Segunda Guerra Mundial, quando o povo pendurou o corpo do ditador Benito Mussolini de cabeça para baixo em praça pública, e finalmente ao Pentágono, que divulgou as fotografias de Abu Musab al-Zarqawi, o líder da Al Qaeda, morto no Iraque. Na realidade, com Uday nada é um excesso — ele mesmo foi um. Seu cadáver merecia esse tratamento para que ninguém sonhasse replicá-lo.

O DUBLÊ DO DIABO

Em março de 2012, foi lançado o filme *O Dublê do Diabo*, que retrata a vida do oficial do exército iraquiano Latif Yahia — interpretado por Dominic Cooper — em Bagdá, na década de 1980. A trama é real; Latif é afastado de sua família, chantageado pelo governo e forçado a tornar-se o dublê do pestilento Uday Hussein, o filho mais velho do ditador Saddam. Devido à sua incrível semelhança física com o sádico e sanguinário Uday, o oficial quase morreu em diversos atentados. Nessa troca de papéis, Latif divide sua vida entre a humilhação e a luxúria, a corrupção e a violência. O filme de uma hora e quarenta e nove minutos, dirigido pelo neozelandês Lee Tamahori, é uma boa reconstituição da história e vale a pena ser assistido.

Em 2007, em Bagdá, encontrou-se sua câmara de torturas no subsolo do Comitê Olímpico, com as ferramentas de martírio que utilizava para punir atletas iraquianos "de baixo desempenho". Eram equipamentos de estilo medieval, incluindo um "iron maiden-like" (caixão com pontas de metal no interior) onde os atletas eram forçados a entrar. Também chicotes com farpas de aço do tamanho de bolas de tênis anexadas nas pontas. Nessa sala, alguns atletas ficaram inválidos para sempre ou, no mínimo, impedidos de praticar esportes. Quebravam seus ossos. Tudo arquitetado para replicar o inferno, pois só assim se explica por que havia celas especiais para os atletas do vôlei ou do basquete... Com o teto bem mais baixo do que eles, onde permaneciam por dias ou semanas... Talib Mutan, atual funcionário do Comitê Olímpico do Iraque, disse à imprensa: "Durante o antigo regime, Uday buscava resultados e queria vencedores. Ele não gostava do segundo lugar. Se não venciam, os atletas eram punidos, e seus agentes e treinadores também; estes últimos eram proibidos de dormir por vários dias seguidos".

O FUTEBOL NO IRAQUE: PASSADO, PRESENTE E FUTURO

O futebol no Iraque é relativamente jovem. O primeiro campeonato no país foi disputado em 1948/49, quando se criou a federação local. Ganhou o Sharakat Nafat Al-Basra. Depois, entre 1950 e 1962, não houve torneio nacional — só a Copa do Iraque —, portanto, mal existia uma Seleção. Os "leões da Mesopotâmia", como são chamados, apenas começaram a se juntar para as eliminatórias olímpicas de 1960 e só entraram para valer em competições internacionais quatro anos mais tarde, na Copa dos Países Árabes, que — para surpresa geral — faturaram. Em 1966, se sagraram bicampeões. Disputaram as primeiras eliminatórias para uma Copa do Mundo uma década mais tarde, em 1974. E só conseguiram se classificar em 1986, quando participaram do Mundial do México, com sua famosa "geração de ouro".

Em 1974/75, retomaram as disputas nacionais, sendo o Al-Zawra, de Bagdá, com 14 títulos, o clube mais vencedor. O time Al-Quwa Al-Jawia, também da capital do país, soma uma dúzia de campeonatos ganhos. O Erbil, da cidade homônima, conquistou quatro títulos e é a equipe mais importante do interior do país, que tem 110 clubes no total. O Iraque se filiou à FIFA em 1950 e atualmente ocupa a posição 70 no ranking da entidade, atrás dos Emirados Árabes Unidos e à frente de El Salvador.

Não era necessário ser culpado de uma eliminação iraquiana para padecer da loucura do filho mais idiota de Saddam Hussein. Já neste século, o ex-capitão Yasser Abdul Latif foi expulso de um jogo do campeonato local, acusado de bater no árbitro, e a consequência foi dura. Ele foi levado para a prisão Radwaniya, na periferia de Bagdá, e confinado em uma cela de dois metros quadrados, com uma pequena janela no alto da parede. Testemunhas dizem que "sua cabeça e sobrancelhas foram raspadas, e, sem camisa, ele foi condenado a realizar flexões por duas horas, com 'descanso' de uma hora e mais outras duas de flexões; no 'intervalo', três guardas do regime o açoitaram com cabos de eletricidade, até ele desmaiar". O único alívio, ainda que pareça ridículo, veio quando foi levado ao ar livre, no frio inverno, e mergu-

OS HUSSEIN, UMA FAMÍLIA POUCO CONVENCIONAL

Saddam Hussein casou-se no Egito, durante um exílio, com sua prima Sajida Talfah, em 1958.

O casamento com a filha de seu tio e mentor foi arranjado quando ele tinha cinco anos, e Sajida, sete. Tiveram cinco filhos. O mais velho, Uday Hussein (18 de junho de 1964 – 22 de julho de 2003), foi o pior, o selvagem. Qusay Hussein (17 de maio de 1966 – 22 de julho de 2003), o segundo, foi o favorito. A primeira filha, Raghad Hussein (nascida em dois de setembro de 1968 e ainda viva), fugiu para Amã, na Jordânia, após a invasão americana ordenada por George Bush. Lá ela é protegida da família real, assim como Rana Hussein (nascida em 1969 e também viva), mas não é procurada pelo atual governo do Iraque como a mais velha, Raghad, que, parece, financia a oposição. Finalmente, Hala Hussein (nascida em 1972 e igualmente viva) é a caçula de Saddam, e pouco se sabe dela atualmente.

Em 1986, Saddam se casou com sua segunda esposa, Samira Shahbandar, originalmente mulher de um executivo da companhia Iraqi Airways, que foi forçado a se divorciar dela. Após a guerra, Samira fugiu para Beirute, no Líbano. É mãe do sexto filho de Saddam, Ali Hussein. Algumas fontes dizem que o ditador teria se casado uma terceira vez, com Nidal al-Hamdani, a gerente, geral do Centro de Pesquisa de Energia Solar no Conselho de Investigação Científica do país. Também existem boatos pouco críveis que outra mulher, Wafa el-Mullah al--Howeish, filha do último primeiro-ministro de Saddam, seria sua quarta esposa.

Toda a família Hussein esteve presente no governo ocupando cargos importantes. Um dos meios-irmãos de Saddam foi chefe da inteligência, outro, líder do serviço secreto iraquiano, e o terceiro, ministro do Interior. Um primo foi ministro da Defesa; seu tio — pai de sua primeira esposa — foi prefeito de Bagdá, e assim por diante. Mas ninguém deixou uma marca tão sangrenta quanto o primogênito Uday.

lhado em água gelada, para que acordasse. Por causa desse cartão vermelho, Latif ficou em Radwaniya durante duas semanas. Já livre, foi incapaz de dormir de costas por um mês. "Realmente o Iraque foi uma grande prisão", disse aos jornalistas. "Mas eu nunca tive escolha. Eles me ameaçavam. Se eu desistisse de participar da equipe, diziam que me bateriam de novo e de novo, e me considerariam um inimigo do regime, e isso significaria a morte." Assim, ele, como seus companheiros de time, não conseguia se expressar futebolisticamente em campo, jogar tudo o que sabia. A necessidade de vencer era tanta que os atletas exageravam, cometiam erros, os nervos dominavam seus movimentos, controlavam suas ações, imobilizavam suas pernas...

O âmbito esportivo local conhecia essa metodologia e a personalidade de Uday, que não escondia sua forma de agir. Mas seus atos insanos não ultrapassavam as fronteiras do país, até porque os convocados para a Seleção temiam por suas famílias caso contassem alguma coisa aos oficiais da FIFA. Mesmo assim, alguns delegados da entidade sediada em Zurique por vezes comentavam sobre cicatrizes recentes em atletas iraquianos. Jogar no exterior era o único alívio dos craques, que só assim estavam relativamente longe de Uday. Mas nem cogitavam denunciá-lo ou fugir, porque sabiam que suas famílias seriam vítimas, seguramente fatais. Em agosto de 1999, o ex-craque Sharar Haydar Mohamad al Hadithi, hoje presidente do Al-Karkh Sport Club, disse que ele e seus companheiros foram torturados por ordem de Uday Hussein porque "não deviam ganhar certos jogos", já que o jovem tirano fazia apostas e precisava que os placares fossem convenientes para ele. Além disso, confirmou que, em 1997, os membros da equipe nacional de futebol foram espancados e torturados por causa da atuação nas eliminatórias da Copa do Mundo da França de 1998. Em maio de 2001, o jogador de futebol iraquiano Saad Keis Naoman, que fugiu para o Ocidente, denunciou essas aberrações no *San Francisco Chronicle*, da Califórnia. De volta a seu país por questões familiares, não foi morto devido à visibilidade internacional que tinha conquistado, mas foi "açoitado sangrentamente e forçado a dormir de barriga para baixo numa pequena cela da prisão de Radwaniya durante semanas".

Em 1997, a FIFA, supostamente alarmada por essas denúncias, elaborou um informe interno e enviou uma delegação ao Iraque, que inocentou Uday das acusações de tortura, já que não encontrou nem uma única prova. O regime se encarregou de que nenhum jogador aparecesse para depor. "O que esperavam que falássemos na frente do Uday?", questionou recentemente o jogador Sharar Haydar. "Eu mesmo, após perder um jogo por 0x2 em Amã, fui torturado quatro vezes. Levaram-me para o cárcere, tiraram minha roupa e me colocaram com outros companheiros enfileirados, todos juntos, para nos bater. Por ser a estrela do time, eu tinha castigo extra: mais 20 chicotadas... Uday me olhava e ria na minha cara. De tempos em tempos, me afogavam em águas podres ou com excrementos de animais, e me davam choques elétricos enquanto eu escutava os cães, raivosos e famintos, latirem lá fora! Os delegados

IRMÃO MAIS NOVO E RIVAL MAIS ANTIGO, UMA HISTÓRIA REPETIDA

Qusay, morto aos 36 anos junto com Uday, era o irmão mais novo e também o grande rival do pequeno déspota. Após o atentado contra Uday, em 1996, muitos presumiam que ele seria o herdeiro de Saddam, "porque tinha melhor saúde e era mais inteligente". De fato, foi o encarregado de defender Bagdá e também a cidade natal de seu pai, Tikrit, quando foram invadidas. Controlava a elite da Guarda Republicana, a mais bem treinada e equipada unidade do Exército, que era encarregada de dar proteção ao presidente e sua família. Enquanto Uday ostentava o controle dos esportes e da cultura, incluindo a mídia, Qusay tinha a seu cargo a inteligência interna, absorvendo a Organização Especial de Segurança e a polícia secreta, que suprimiu toda e qualquer oposição ao regime do partido oficialista Baath. Começava, inclusive, a interferir nos assuntos externos do país, especialmente nos vínculos com as demais nações árabes da região.

Qusay idolatrava seu pai ao ponto de se vestir como ele e usar o mesmo bigode. Uday, ao contrário, tentava se diferenciar. Qusay supostamente ganhou o respeito de seu pai logo após o fim da Guerra do Golfo, em 1991, e pelo "trato" que deu aos muçulmanos xiitas e árabes dos pântanos, que se levantaram contra o regime. Como seu irmão mais velho, Qusay também sobreviveu a algumas tentativas de assassinato, em 2001 e 2002, mas foi levemente ferido e não ficou com sequelas. Tudo indicava que Qusay seria no futuro a próxima vítima do irmão Uday, o *playboy* do clã. Entretanto, a reputação sádica e brutal era um atributo de ambos. Mas Uday ganhava por ser mais implacável e mais selvagem. Os irmãos foram acusados de alguns dos piores excessos do regime de Saddam. Morreram juntos, antes que o poder absoluto alimentasse suas aberrações.

da FIFA iriam embora logo, e Uday ficaria comigo. Por isso, não o denunciei naquela oportunidade, e ninguém o fez". Por todas essas coisas, Uday chamava a si mesmo de "Abu Sarhan", que em árabe quer dizer algo como "homem lobo". Ele não apenas era feroz, como também amava sua ferocidade.

O futebol do Iraque só foi campeão da Taça Asiática em 2007 – quando Uday já não aterrorizava os craques –, mesmo tendo participado em sete oportunidades na fase final. Com a morte de Uday, o Iraque se consagrou com três vitórias e três empates. O time marcou sete gols e tomou apenas dois. Terminou a campanha invicto, provando que o chamado "melhor selecionado da Ásia nos anos 1980" havia desperdiçado tempo por culpa do filho de Saddam. Em 2009, foi à Copa das Confederações e, mesmo não vencendo nenhum dos três jogos, fez uma ótima participação — perdeu só de 0x1 da Espanha de Xavi e Iniesta, e empatou sem gols com a Nova Zelândia e a África do Sul. Já em 2004, participou com enorme sucesso da Olimpíada da Grécia, chegando às semifinais, após vencer Portugal, Costa Rica e Austrália. Acabou em quarto lugar, atrás dos finalistas Argentina e Paraguai, e da Itália.

No início da gestão de Uday, o Iraque tinha se classificado para a Olimpíada de Seul — sendo eliminado na primeira fase — e conseguiu os títulos da Copa do Golfo e da Copa dos Países da Arábia. Depois, o terror substituiu os êxitos anteriores, como a classificação para o Mundial de 1986 e a conquista da medalha de ouro nos Jogos Asiáticos de 1982. O Iraque, nas eliminatórias para a Copa do Brasil de 2014, chegou até a última fase, perdendo a vaga para Japão e Austrália. Sem Uday, a "geração de ouro" seguramente teria se classificado para a Copa de 1990 e talvez para a de 1994. A Seleção tinha craques de sobra, mas as solas de seus pés foram castigadas demais.

Em 22 de julho de 2003, o 20º comando da Task Force americana, liderado pelo tenente-general Ricardo Sanchez, atacou uma residência em Mosul, no Iraque, e matou Uday Hussein — então com 39 anos — e seu irmão mais novo, Qusay, também cotado para suceder Saddam. Ambos estavam na lista dos 55 iraquianos mais procurados por crimes de guerra, com recompensa de até US$ 15 milhões por informações que levassem à sua captura. Ninguém chorou suas mortes.

CONTRAPARTIDA IX

FAHAD AL AHMAD PRÍNCIPE DO KUWAIT...

Inimaginável no futebol profissional. Menos ainda numa Copa do Mundo. Mas Fahad Al Ahmad, da dinastia Sabah e príncipe do Kuwait, conseguiu o impossível: invalidar um gol — legítimo — contra seu país em plena competição. Mais ajuda esportiva do que essa, que se saiba, nenhum outro cartola, político, presidente ou ditador conseguiu dar a sua Seleção.

Irmão caçula do Emir do Kuwait, militar formado na Royal Military Academy Sandhurst do Reino Unido, ele sempre amou o esporte. Fundou o Comitê Olímpico de seu país e presidiu quase todas as associações esportivas do pequeno Kuwait: as de basquetebol, tae kwon do, boxe, caratê, handebol, dos esportes náuticos, remo e, claro, futebol. Foi dirigente da Federação dos Jogos Asiáticos, do Conselho Olímpico de seu continente, da União Esportiva Árabe, membro do COI, fundador da União Geral de Esportes da Ásia e muito mais. Assim, viajou o mundo presidindo as delegações de seu país em diversas competições como os torneios de basquete, vôlei, ginástica, esgrima, boxe e handebol da Liga Árabe, os abertos internacionais de atletismo, a Taça Asiática de Futebol, o Campeonato de Futebol do Golfo, os Jogos Asiáticos de Teerã, os de Bangkok e os de Nova Déli, as Olimpíadas de Montreal, Moscou e Los Angeles e a Copa do Mundo da FIFA de 1982, na Espanha... Um personagem com uma vida de dar inveja a muitos.

Precisamente na Copa da Espanha, ele conheceu a fama mundial. A televisão distribuiu sua imagem para quase duzentos países quando invadiu

...O CARTOLA QUE ANULOU UM GOL CONTRA SEU PAÍS, DURANTE UMA COPA

o campo, em 21 de junho, pedindo para o árbitro russo Miroslav Stupar que anulasse o gol, contra seu querido Kuwait, marcado pelo francês Alain Giresse. No estádio José Zorrilla, de Valladolid, o relógio marcava quase 80 minutos, e a Franca já vencia por 3x1. Mas o Kuwait, dirigido tecnicamente pelo brasileiro Carlos Alberto Parreira, queria empatar, o que não foi possível. O jogo, inapelavelmente, acabou em 4x1. Quando Giresse vazou o goleiro Ahmed Al Tarabulsi, o príncipe, que assistia à partida no camarote das autoridades, desceu e, com veemência, superou a segurança e apareceu no meio do campo clamando pela ilegitimidade do gol. Inédito.

O príncipe fez própria a versão (aparentemente real) de seus jogadores, que, em determinado momento da partida, pararam, alegando ter escutado um apito. "Você invalida o gol ou eu retiro o Kuwait da Copa do Mundo", disse Fahad ao juiz. E o mais interessante da anedota foi que o russo atendeu ao pedido do *sheik* e anulou o tento. Essa decisão foi fatal para o árbitro, que nunca mais apitou internacionalmente, foi barrado dos registros da FIFA e suspenso por toda a vida. O príncipe pagou uma multa de US$ 8 mil. Para ele, um dos homens mais ricos do mundo, sem dúvida, era nada.

Quatro dias antes, o Kuwait, estreante na Copa, liderado pelo experiente Parreira, havia empatado com a Tchecoslováquia, entusiasmando toda a nação e apagando, um pouco, a ideia de Cinderela do grupo 4. Depois, na partida de despedida, em Bilbao, perdeu por apenas 1x0 da poderosa Inglaterra. Por isso, aquele jogo e aquele gol eram tão importantes para o príncipe Fahad. E, para o Kuwait, significavam a chance de passar de fase.

Oito anos mais tarde, em agosto de 1990, o vizinho Iraque — de Saddam Hussein — invadiu o Kuwait na chamada Guerra do Golfo com 100 mil soldados que derrotaram facilmente o exército do Kuwait, com cerca de 16 mil homens. Por causa dessa desigualdade, o Emir — irmão mais velho de Fahad — fugiu do país, deixando o príncipe, de 45 anos, para defender o Palácio Dasman. Fahad foi morto a tiros, e seu cadáver, atropelado por um tanque T72 iraquiano.

Seu legado esportivo hoje é mantido pelos filhos. O mais velho, Ahmad Al-Fahad, maior autoridade do exército e ex-ministro das Informações e do Petróleo — maior fonte de renda kuwaitiana —, é presidente do Conselho Olímpico da Ásia, mas já treinou a Seleção nacional de futebol. O segundo, Talal, preside a Federação de Basquetebol. O terceiro, Athbi, pratica tiro. O quarto, Khaled, é vice-presidente da Federação Nacional de Futebol. E o caçula, Dari, é presidente do Clube Hípico e de Caça. A memória do polêmico príncipe é conservada nos Campeonatos Árabes de basquete, handebol, esgrima, ginástica e tênis de mesa e no Campeonato Internacional de Caratê de Londres: todos eles levam seu nome, Fahad Al-Ahmed Al-Jaber Al-Sabah. ●

O JOGO HISTÓRICO DA COPA DA ESPANHA DE 1982, FRANÇA 4x1 KUWAIT (FICHA TÉCNICA)

21/06/1982 (17h15) – Estádio José Zorrilla de Valladolid (Espanha). Público: 30.043. Juíz: Miroslav Stupar (URSS), auxiliado por Erik Fredriksson (Suécia) e Damir Matovinovic (Iugoslávia).

FRANÇA: Jean-Luc Ettori; Manuel Amoros, Bossis, Janvion (Christian Lopez), Marius Tresor; Genghini, Platini (Girard), Giresse; Bernard Lacombe, Six e Soler. Treinador: Michel Hidalgo. KUWAIT: Al Tarabolsi; N. Mubarak, M. Mubarak, W. Mubarak (Al Shammari), Al Houti (Marzouq); Al Buloushi, Sultan, Al Anbari; Mayoof, Al Dakheel, Ahmed. Treinador: Carlos A. Parreira.

GOLS: Bernard Genghini (31'/1º tempo, 1x0), Michel Platini (43'/1º tempo 2x0); Didier Six (3'/2º tempo, 3x0), Abdulaziz Mohammed Al Buloushi (30'/2º tempo, 3x1) – logo aos 40'/2º tempo, acontece o gol "anulado pelo príncipe" – e Maxime Bossis (44'/2º tempo, 4x1).

1930 – 2022

LINHA DO TEMPO

Como as Copas do Mundo da FIFA atravessaram golpes de Estado e ditaduras, militares ou não, ao longo das nove décadas em que coincidiram.

1930
A Década do Fascismo

A primeira Copa do Mundo da história acontece em 1930, no Uruguai, que leva a taça. As duas edições seguintes foram vencidas pela Itália, sob a nefasta pressão de Mussolini

COPAS DO MUNDO

1ª COPA, 1930: ANFITRIÃO, Uruguai
Data de início e final: 13/07 a 30/07

CAMPEÃO: Uruguai; Vice-campeão: Argentina; 3º: Estados Unidos; 4º: Iugoslávia; Artilheiro: Guilhermo Stábile (Argentina): 8 gols

PAÍSES PARTICIPANTES: 13, Argentina, Bélgica, Bolívia, Brasil, Chile, Estados Unidos, França, México, Iugoslávia, Paraguai, Peru, Romênia e o organizador Uruguai

PARTIDA FINAL: Uruguai 4x2 Argentina

2ª COPA, 1934: ANFITRIÃO, Itália
Data de início e final: 27/05 a 10/06

CAMPEÃO: Itália; Vice-campeão: Tchecoslováquia; 3º: Alemanha; 4º: Áustria; Artilheiros: Oldrich Nejedly (Tchecoslováquia), Angelo Schiavio (Itália) e Edmund Conen (Alemanha): 4 gols

PAÍSES PARTICIPANTES: 16, Argentina, Alemanha, Áustria, Bélgica, Brasil, Egito, Espanha, Estados Unidos, França, Holanda, Hungria, Itália, Romênia, Suécia, Suíça e Tchecoslováquia

PARTIDA FINAL: Itália 2x1 Tchecoslováquia

3ª COPA, 1938: ANFITRIÃO, França
Data de início e final: 04/06 a 19/06

CAMPEÃO: Itália; Vice-campeão: Hungria; 3º: Brasil; 4º: Suécia; Artilheiro: Leônidas da Silva (Brasil) 8 gols

PAÍSES PARTICIPANTES: 15, Alemanha, Bélgica, Brasil, Cuba, França, Holanda, Hungria, Índias Holandesas, Itália, Noruega, Polônia, Romênia, Suécia, Suíça e Tchecoslováquia
Nota: Áustria ganhou vaga, mas não disputou a Copa por ser anexada pela Alemanha nazista

PARTIDA FINAL: Itália 4x2 Hungria

GOLPES DE ESTADO E NOVAS DITADURAS

30 · Brasil (1930-1930), República Argentina (1930-1932) e República Dominicana (1930-1961)

31 · El Salvador (1931-1979), Guatemala (1931-1944) e Panamá (1931-1931)

32 · Portugal (1932-1974), Japão (1932-1945) e Chile (1932-1932)

33 · Alemanha (1933-1945), Áustria (1933-1938) e Uruguai (1933-1938)

34 · Bulgária (1934-1943)

35

DITADURAS JÁ EXISTENTES EM 1930: Rússia (1918-1920); Hungria (1920-1944); Itália (1922-1943); Espanha (1923-1930); Polônia (1926-1939); Portugal (1926-1932); e Iugoslávia (1928-1931)

36 · Grécia (1936-1941)

37 · Brasil (1937-1945) e Nicarágua (1937-1980)

38 · Áustria (1938-1945), Romênia (1938-1944) e Tailândia (1938-1992)

39 · Espanha (1939-1975)

1940
A Década do Conflito

A Segunda Guerra Mundial suspende dois campeonatos, e a Argentina briga com a FIFA, facilitando que o Brasil, na retomada das Copas, seja sede em 1950

COPAS DO MUNDO

COPA DE 1942: Suspensa pela primeira vez, devido à Segunda Guerra Mundial. Brasil, Alemanha e Argentina se candidataram a sede. Como a Alemanha de Hitler era protagonista do conflito, se autodescartava, e assim, provavelmente, a Copa teria acontecido na América do Sul. A FIFA prometeu à vice-campeã Argentina que ela seria anfitriã. Queria compensá-la pelo não cumprimento do plano original, em 1938, no qual constava que o evento seria disputado uma vez em cada continente. Foi por esse motivo que o país de Juan Domingo Perón desistiu de jogar o torneio que deu o bicampeonato à Itália. Outra versão diz que a FIFA puniu a Argentina por causa dessa ausência e entregou a sede ao Brasil. O fato de o Brasil ter sediado o Mundial de 1950 dá credibilidade à segunda hipótese. Os principais candidatos ao título eram Brasil, Argentina e Uruguai.

COPA DE 1946: Suspensa novamente, devido à Segunda Guerra Mundial. Quase nenhum país da Europa estava em condições de organizar o torneio, e poucos cruzariam o oceano Atlântico para jogar no Brasil ou na Argentina. Apesar de a Segunda Guerra Mundial ter acabado em 1945, a destruição foi tamanha que, em 1946, a FIFA decidiu adiar a competição até 1950. Os reiterados protestos da Argentina fizeram com que o Brasil ganhasse o direito de ser sede pela primeira vez. Nessa edição, Uruguai e Brasil faturaram o primeiro e o segundo lugares, respectivamente. A Seleção argentina voltou a se ausentar em 1950, no Brasil, e em 1954, na Suíça. Retornou em 1958, na Suécia, quando o Brasil conquistou seu primeiro título.

GOLPES DE ESTADO E NOVAS DITADURAS

40 Cuba (1940-1959) e França (1940-1944).
Nota: A URSS força golpes para ocupar as Repúblicas Bálticas: Estônia, Letônia e Lituânia.

41 Irã (1941-1979)

42 Uruguai (1942-1947)

43 República Argentina (1943-1946)

44 Bulgária (1944-1946), Hungria (1944-1945) e Romênia (1944-1947)

45 Brasil (1945-1946)

46

> **GOLPES DE ESTADO DENTRO DE DITADURAS:** Em países como Nicarágua, El Salvador, ou Tailândia, houve golpes dentro de ditaduras que já estavam no poder devido a golpes anteriores; esses períodos não são especificados aqui e se apresentam como uma única ditadura.

47 Romênia (1947-1989)

48 Coreia do Norte (1948-atualidade), Costa Rica (1948-1949), Hungria (1948-1990), Peru (1948-1956) e Venezuela (1948-1952)

49 China Nacionalista/Taiwan (1949-1975), Síria (1949-1951) e Paraguai (1949-1989)

1950
A Década da Consagração

Em 1950 o Brasil vive sua primeira grande frustração, perde a final para o Uruguai no famoso "Maracanaço", mas, em 1958, conquista pela primeira vez o título mundial

COPAS DO MUNDO

4ª COPA, 1950: ANFITRIÃO, Brasil
Data de início e final: 24/06 a 16/07

CAMPEÃO: Uruguai; Vice-campeão: Brasil; 3º: Suécia; 4º: Espanha; Artilheiro: Ademir de Menezes (Brasil) 9 gols

PAÍSES PARTICIPANTES: 13, Bolívia, Brasil, Chile, Espanha, Estados Unidos, Inglaterra, Itália, Iugoslávia, México, Paraguai, Suíça, Suécia e Uruguai

PARTIDA FINAL: Brasil 1x2 Uruguai

5ª COPA, 1954: ANFITRIÃO, Suíça
Data de início e final: 16/06 a 04/07

CAMPEÃO: Alemanha Ocidental; Vice-campeão: Hungria; 3º: Áustria; 4º: Uruguai; Artilheiro: Sandor Kocsis (Hungria) 11 gols

PAÍSES PARTICIPANTES: 16, Alemanha Ocidental, Áustria, Bélgica, Brasil, Coreia do Sul, Escócia, França, México, Hungria, Inglaterra, Itália, Iugoslávia, Suíça, Tchecoslováquia, Turquia e Uruguai

PARTIDA FINAL: Alemanha Ocidental 3x2 Hungria

6ª COPA, 1958: ANFITRIÃO, Suécia
Data de início e final: 08/06 a 29/06

CAMPEÃO: Brasil; Vice-campeão: Suécia; 3º: França; 4º: Alemanha Ocidental; Artilheiro: Just Fontaine (França) 13 gols

PAÍSES PARTICIPANTES: 16, Alemanha Ocidental, Argentina, Áustria, Brasil, Escócia, França, Hungria, Inglaterra, Irlanda do Norte, Iugoslávia, México, País de Gales, Paraguai e Suécia, Tchecoslováquia e União Soviética

PARTIDA FINAL: Suécia 2x5 Brasil

GOLPES DE ESTADO E NOVAS DITADURAS

- 50 — Tibet (1950-atualidade)
- 51 — Bolívia (1951-1952)
- 52 — Venezuela (1952-1958) e Egito (1952-1956)
- 53 — Colômbia (1953-1957) e Iugoslávia (1953-1980)
- 54 — Guatemala (1954-1986)
- 55 — República Argentina (1955-1958)
- 56 — Nicarágua (1956-1979) e Honduras (1956-1957)
- 57 — Haiti (1957-1986)
- 58 — Iraque (1958-1968), Paquistão (1958-1971) e Sudão (1958-1964)
- 59 — Cuba (1959-atualidade)

1960
A Década do Golpe

Em 1962 o Brasil conquista seu segundo título mundial. Em 1964 João Goulart é deposto pelos militares, dando início a uma ditadura que duraria 21 anos

COPAS DO MUNDO

7ª COPA, 1962: ANFITRIÃO, Chile

Data de início e final: 30/05 a 17/06

CAMPEÃO: Brasil; Vice-campeão: Tchecoslováquia; 3º: Chile; 4º: Iugoslávia; Artilheiros: Garrincha (Brasil), Vavá (Brasil), Leonel Sánchez (Chile), Florian Albert (Hungria), Drazan Jerkovic (Iugoslávia) e Valentin Ivanov (Rússia) 4 gols

PAÍSES PARTICIPANTES: 16, Alemanha Ocidental, Argentina, Brasil, Bulgária, Chile, Colômbia, Espanha, Hungria, Inglaterra, Itália, Iugoslávia, México, Suíça, Tchecoslováquia, URSS e Uruguai

PARTIDA FINAL: Brasil 3x1 Tchecoslováquia

Nota: Esta Copa é muito singular, porque a vizinha Argentina queria sediá-la (nunca havia sido e seria a terceira a ser disputada no continente americano), mas a FIFA mais uma vez a deixou de lado e escolheu o Chile, que em 1960 sofreu um tsunami devastador (Valdivia foi o epicentro). O curioso é que o país se manteve como sede, e a Copa ajudou a reconstruí-lo e torná-lo ainda melhor do que era antes.

8ª COPA, 1966: ANFITRIÃO, Inglaterra

Data de início e final: 11/07 a 30/07

CAMPEÃO: Inglaterra; Vice-campeão: Alemanha Oc.; 3º: Portugal; 4º lugar: União Soviética; Artilheiro: Eusébio (Portugal) 9 gols

PAÍSES PARTICIPANTES: 16, Argentina, Alemanha Ocidental, Brasil, Bulgária, Chile, Coreia do Norte, Espanha, França, Hungria, Inglaterra, Itália, México, Portugal, Suíça, União Soviética e Uruguai

PARTIDA FINAL: Inglaterra 4x2 Alemanha Federal

GOLPES DE ESTADO E NOVAS DITADURAS

- **60** Turquia (1960-1962) e Congo (1960-1966)
- **61** Coreia do Sul (1961-1961)
- **62** República Argentina (1962-1962), Mianmar (1962-1988) e Uganda (1962-1986)
- **63** Equador (1963-1966), Togo (1963-1967), Benim (1963-1964) e Honduras (1963-1974)
- **64** Bolívia (1964-1982) e Brasil (1964-1985)
- **65** Argélia (1965-1994), Benim (1965-1968) e Congo (Rep. Dem. Congo) (1965-1997)
- **66** Argentina (1966-1973), Burkina Faso (1966-1991), Burundi (1966-1993), Gana (1966-1992), Indonésia (1966-1999), República Centro-Africana (1966-1979) e Nigéria (1966-1979).
- **67** Grécia (1967-1974) e Togo (1967-1976)
- **68** Benim (1968-1970), Guiné Equatorial (1968-1982), Mali (1968-1991), Panamá (1968-1981) e Peru (1968-1980)
- **69** Líbia (1969-2011), Somália (1969-1991) e Sudão (1969-atualidade)

1970
A Década do Tri

Em 1970 a Seleção brasileira brilhava, para alegria do presidente, Emílio Garrastazu Médici, que usava as vitórias politicamente

COPAS DO MUNDO

9ª COPA, 1970: ANFITRIÃO, México

Data de início e final: 31/05 a 21/06

CAMPEÃO: Brasil; Vice-campeão: Itália; 3º: Alemanha Ocidental; 4º: Uruguai; Artilheiro: Gerd Müller (Alemanha) 10 gols

PAÍSES PARTICIPANTES: 16, Alemanha Ocidental, Bélgica, Bulgária, Brasil, El Salvador, Inglaterra, Israel, Itália, Marrocos, México, Peru, Romênia, Suécia, Tchecoslováquia, URSS e Uruguai

PARTIDA FINAL: Brasil 4x1 Itália

10ª COPA, 1974: ANFITRIÃO, Alemanha

Data de início e final: 13/6 a 07/07

CAMPEÃO: Alemanha Ocidental; Vice-campeão: Holanda; 3º: Polônia; 4º: Brasil; Artilheiro: Grzegorz Lato (Polônia) 7 gols

PAÍSES PARTICIPANTES: 16, Alemanha Ocidental, Alemanha Oriental, Argentina, Austrália, Brasil, Bulgária, Chile, Escócia, Haiti, Holanda, Itália, Iugoslávia, Polônia, Suécia, Uruguai e Zaire

PARTIDA FINAL: Alemanha Ocidental 2x1 Holanda

11ª COPA, 1978: ANFITRIÃO, Argentina

Data de início e final: 01/06 a 25/06

CAMPEÃO: Argentina; Vice-campeão: Holanda; 3º: Brasil; 4º: França; Artilheiro: Mário Kempes (Argentina) 6 gols

PAÍSES PARTICIPANTES: 16, Alemanha Ocidental, Argentina, Áustria, Brasil, Escócia, Espanha, França, México, Itália, Irã, Holanda, Hungria, Peru, Polônia, Suécia e Tunísia

PARTIDA FINAL: Argentina 3x1 Holanda

GOLPES DE ESTADO E NOVAS DITADURAS

70 Bolívia (1970-1970)

71 Turquia (1971-1973) e Uganda (1971-1979)

72 Equador (1972-1979), Filipinas (1972-1986), Gana (1972-1978), Honduras (1972-1980), e Madagascar (1972-1976)

73 Chile (1973-1990), Ruanda (1973-1994), Afeganistão (1973-atualidade) e Uruguai (1973-1985)

74 Etiópia (1974-1991) e Níger (1974-1991)

75 Bangladesh (1975-1979), Camboja (1975-1979), Chade (1975-1979) e China Nacionalista/Taiwan (1975-1977)

76 Argentina (1976-83) e Togo (1976-2005)

77 Ilhas Seychelles (1977-1991)

78 Afeganistão (1978-1992), Guiné-Equatorial (1978-1980), Mauritânia (1978-1992) e Paquistão (1978-1988)

79 El Salvador (1979-1992), Irã (1979-1989), Rep. Centro-Africana (1979-1981), Iraque (1979-2003) e Coreia do Sul (1979-1988)

1980
A Década da Mão de Deus

Recém-saída de uma ditadura militar, a Argentina vence a Copa de 1986, no México, com um polêmico gol de Diego Armando Maradona

COPAS DO MUNDO

12ª COPA, 1982: ANFITRIÃO, Espanha
Data de início e final: 13/06 a 11/07

CAMPEÃO: Itália; Vice-campeão: Alemanha Ocidental; 3º: Polônia; 4º: França; Artilheiro: Paulo Rossi (Itália) 6 gols

PAÍSES PARTICIPANTES: 24, Alemanha Ocidental, Argélia, Argentina, Áustria, Brasil, Bélgica, Camarões, Chile, El Salvador, Escócia, Espanha, França, Itália, Inglaterra, Irlanda do Norte, Honduras, Hungria, Iugoslávia, Kuwait, Nova Zelândia, Peru, Polônia, Tchecoslováquia e União Soviética

PARTIDA FINAL: Itália 3x1 Alemanha

13ª COPA, 1986: ANFITRIÃO, México
Data de início e final: 31/05 a 29/06

CAMPEÃO: Argentina; Vice-campeão: Alemanha Oc.; 3º: França; 4º: Bélgica; Artilheiro: Gary Lineker (Inglaterra) 6 gols

PAÍSES PARTICIPANTES: 24, Alemanha Ocidental, Argentina, Argélia, Bélgica, Brasil, Bulgária, Canadá, Coreia do Sul, Dinamarca, Escócia, Espanha, França, Hungria, Inglaterra, Iraque, Irlanda do Norte, Itália, Marrocos, México, Polônia, Paraguai, Portugal, URSS e Uruguai

PARTIDA FINAL: Argentina 3x2 Alemanha Ocidental

Nota: Este Mundial também tem a peculiaridade de que, menos de um ano antes de sua disputa, em setembro de 1985, o país asteca sofreu um novo terremoto (afetou principalmente o Distrito Federal). Apesar de o México ter sido designado sede pela segunda vez e com urgência, devido à renúncia da Colômbia, que seria a sede original, a Copa foi disputada, e com grande sucesso.

GOLPES DE ESTADO E NOVAS DITADURAS

80 — Guiné-Bissau (1980-1984), Libéria (1980-1990), Suriname (1980-1988), Turquia (1980-1983) e Zimbábue (1980-)

81 — Gana (1981-1993), Polônia (1981-1983) e República Centro-Africana (1981-1993)

82 — Bangladesh (1982-1990) e Chade (1982-1990)

83 — Nigéria (1983-1999) e Alto Volta, atual Burkina Fasso (1983-1987). *Nota: A invasão dos EUA a Granada provocou um golpe.*

84 — Guiné (1984-1991)

85 — Uganda (1985-1986)

86 — Lesoto (1986-1993)

87 — Tunísia (1987-2010)

88 — Haiti (1988-1990) e República da Birmânia, atual Myanmar (1988-1988)

89 — Irã (1989-atualidade)

1990
A Década Inesquecível

Em 1994, após longo jejum, o Brasil volta a vencer em tempos de democracia e comemora o tetra. Mas em 1998 a festa se transforma em trauma, com a derrota para a França na final

COPAS DO MUNDO

14ª COPA, 1990: ANFITRIÃO, Itália
Data de início e final: 08/06 a 08/07

CAMPEÃO: Alemanha Ocidental; Vice-campeão: Argentina; 3º: Itália; 4º: Inglaterra; Artilheiro: Salvatore Schillaci (Itália) 6 gols

PAÍSES PARTICIPANTES: 24, Alemanha Ocidental, Argentina, Áustria, Bélgica, Brasil, Camarões, Colômbia, Coreia do Sul, Costa Rica, Egito, Irlanda, Emirados Árabes Unidos, Escócia, Espanha, Estados Unidos, Inglaterra, Itália, Iugoslávia, Holanda, Romênia, Suécia, Tchecoslováquia, União Soviética e Uruguai

PARTIDA FINAL: Alem. Ocidental 1x0 Argentina

15ª COPA, 1994: ANFITRIÃO, Estados Unidos
Data de início e final: 17/06 a 17/07

CAMPEÃO: Brasil; Vice-campeão: Itália; 3º: Suécia; 4º: Bulgária; Artilheiros: Hristo Stoichkov (Bulgária) e Oleg Salenko (Rússia) 6 gols

PAÍSES PARTICIPANTES: 24, Alemanha, Arábia Saudita, Argentina, Bélgica, Bolívia, Brasil, Bulgária, Camarões, Colômbia, Coreia do Sul, Espanha, EUA, Grécia, Holanda, Irlanda, Itália, Marrocos, México, Nigéria, Noruega, Romênia, Rússia, Suécia e Suíça

PARTIDA FINAL: Brasil (3p) 0x0 (2p) Itália

16ª COPA, 1998: ANFITRIÃO, França
Data de início e final: 10/06 a 12/07

CAMPEÃO: França; Vice-campeão: Brasil; 3º: Croácia; 4º: Holanda; Artilheiro: Davor Suker (Croácia) 6 gols

PAÍSES PARTICIPANTES: 32, África do Sul, Alemanha, Arábia Saudita, Argentina, Áustria, Bélgica, Brasil, Bulgária, Camarões, Chile, Colômbia, Coreia do Sul, Croácia, Dinamarca, Escócia, Espanha, Estados Unidos, França, Inglaterra, Irã, Itália, Iugoslávia, Jamaica, Japão, Holanda, Marrocos, México, Nigéria, Noruega, Paraguai, Romênia e Tunísia

PARTIDA FINAL: França 3x0 Brasil

GOLPES DE ESTADO E NOVAS DITADURAS

90 ······ Chade (1990-2021)

91 ······ Haiti (1991-1994)

92 ······ Serra Leoa (1992-1996)

93 ······ Azerbaijão (1993-2003)

94 ······ Gâmbia (1994-1017)

95

TENTATIVAS FRUSTRADAS: Nessas nove décadas de Copas do Mundo, nem todas as tentativas de golpe foram bem-sucedidas; mais de 50 falharam em todo o planeta, como o do Azerbaijão em 1995.

96 ······ Afeganistão (1996-2001), Níger (1996-1999) e Burundi (1996-2003)

97 ······ República Democrática do Congo (1997-2003) e Serra Leoa (1997-1998)

98

AUTOGOLPES: Outra curiosidade do período são os autogolpes, como aquele que o presidente peruano Alberto Fuyimori provocou em 1992.

99 ······ Paquistão (1999-2007) e Costa do Marfim (1999-2000)

2000
Um Novo Século

Ainda sob a sombra de regimes autoritários, o planeta continua apaixonado pelo futebol. O penta de 2002 consagra o Brasil como o maior campeão mundial da história

COPAS DO MUNDO

17ª COPA, 2002: ANFITRIÃO, Coreia/Japão
Data de início e final: 31/05 a 30/06

CAMPEÃO: Brasil; Vice-campeão: Alemanha; 3º: Turquia; 4º: Coreia do Sul; Artilheiro: Ronaldo (Brasil) 8 gols

PAÍSES PARTICIPANTES: 32, África do Sul, Alem., Ar. Saudita, Argentina, Bélgica, Brasil, Camarões, China, Coreia do Sul, C. Rica, Croácia, Dinamarca, Equador, Eslovênia, Espanha, EUA, França, Inglaterra, Irlanda, Itália, Japão, México, Nigéria, Paraguai, Polônia, Portugal, Rússia, Senegal, Suécia, Tunísia, Turquia e Uruguai

PARTIDA FINAL: Brasil 2x0 Alemanha

18ª COPA, 2006: ANFITRIÃO, Alemanha
Data de início e final: 09/06 e 09/07

CAMPEÃO: Itália; Vice-campeão: França; 3º: Alemanha; 4º: Portugal; Artilheiro: Miroslav Klose (Alemanha): 5 gols

PAÍSES PARTICIPANTES: 32, Alem., Angola, Arábia Saudita, Argentina, Austrália, Brasil, Coreia do Sul, Costa do Marfim, Costa Rica, Croácia, Equador, Espanha, EUA, França, Gana, Holanda, Inglaterra, Irã, Itália, Japão, México, Paraguai, Polônia, Portugal, República Tcheca, Sérvia e Montenegro, Suécia, Suíça, Togo, Trinidad e Tobago, Tunísia e Ucrânia

PARTIDA FINAL: Itália (5p) 1x1 França (3p)

19ª COPA, 2010: ANFITRIÃO, África do Sul
Data de início e final: 11/06 e 11/07

CAMPEÃO: Espanha; Vice-campeão: Holanda; 3º: Alemanha; 4º: Uruguai; Artilheiro: Thomas Müller (Alem.), David Villa (Esp.), Wesley Sneijder (Holanda) e Diego Forlán (Uruguai): 5 gols

PAÍSES PARTICIPANTES: 32, África do Sul, Alemanha, Argélia, Argentina, Austrália, Brasil, Camarões, Chile, Coreia do Norte, Coreia do Sul, Costa do Marfim, Dinamarca, Eslováquia, Eslovênia, Espanha, EUA, França, Gana, Grécia, Holanda, Honduras, Inglaterra, Itália, Japão, México, Nigéria, Nova Zelândia, Paraguai, Portugal, Sérvia, Suíça e Uruguai

PARTIDA FINAL: Espanha 1x0 Holanda

GOLPES DE ESTADO E NOVAS DITADURAS

00 Equador (2000-2000) e Ilhas Salomão (2000-2001)

01

DITADURAS "LEGÍTIMAS": Há governos ditatoriais como o de Vladimir Putin na Rússia ou Nicolás Maduro na Venezuela que são questionáveis porque se estendem no tempo, mas eles são eleitos nas urnas, embora suas eleições sejam fraudulentas.

02 Equador (2000-2000) e Ilhas Salomão (2000-2001)

03 República Centro-Africana (2003-2005), São Tomé e Príncipe (2003-2003) e Guiné-Bissau (2003-2003)

04 Haiti (2004-2006)

05 Mauritânia (2005-2007), Equador (2005-2005) e Níger (2010-2011)

06 República Democrática do Congo, ex-Zaire (2006-atualidade), e Fiji (2006-2006)

07 Paquistão (2007-2007)

08 Guiné (2008-2010)

09 Malásia (2009-2013)

2010
A Última Década

Depois do penta, o Brasil se frustra atrás do hexa, em 2014, quando outra vez é anfitrião e nem chega à final, após ser humilhado pela futura campeã, a Alemanha, por histórico 7 a 1

COPAS DO MUNDO

20ª COPA, 2014: ANFITRIÃO, Brasil
Data de início e final: 12/06 a 13/07

CAMPEÃO: Alemanha; Vice-campeão: Argentina; 3º: Holanda; 4º: Brasil; Artilheiro: James Rodríguez (Colômbia) 6 gols

PAÍSES PARTICIPANTES: 32, Alemanha, Argélia, Argentina, Austrália, Bélgica, Bósnia e Herzegovina, Brasil, Camarões, Chile, Colômbia, Coreia do Sul, Croácia, Costa do Marfim, Costa Rica, Equador, Espanha, Estados Unidos, França, Gana, Grécia, Holanda, Honduras, Inglaterra, Irã, Itália, Japão, México, Nigéria, Portugal, Rússia, Suíça e Uruguai

PARTIDA FINAL: Alemanha 1x0 Argentina

21ª COPA, 2018: ANFITRIÃO, Rússia
Data de início e final: 14/06 e 15/07

CAMPEÃO: França; Vice-campeão: Croácia; 3º: Bélgica; 4º: Inglaterra; Artilheiro: Harry Kane (Inglaterra): 6 gols

PAÍSES PARTICIPANTES: 32, Alemanha, Arábia Saudita, Austrália, Argentina, Bélgica, Brasil, Colômbia, Coreia do Sul, Costa Rica, Croácia, Dinamarca, Egito, Espanha, França, Inglaterra, Irã, Islândia, Japão, Marrocos, México, Nigéria, Panamá, Peru, Polônia, Portugal, Rússia, Senegal, Sérvia, Suécia, Suíça, Tunísia e Uruguai

PARTIDA FINAL: França 4x2 Croácia

PRÓXIMOS MUNDIAIS

22ª COPA, 2022: ANFITRIÃO, Catar
Data de início e final: 20/11 e 22/12

PAÍSES PARTICIPANTES: 32, Alemanha, Arábia Saudita, Argentina, Austrália, Bélgica, Brasil, Camarões, Canadá, Catar, Coreia do Sul, Costa Rica, Croácia, Dinamarca, Equador, Espanha, Estados Unidos, França, Gana, Holanda, Inglaterra, Irã, Japão, Marrocos, México, País de Gales, Polônia, Portugal, Senegal, Sérvia, Suíça, Tunísia e Uruguai

23ª COPA, 2026: ANFITRIÕES; pela primeira vez serão três: Estados Unidos, México e Canadá

GOLPES DE ESTADO E NOVAS DITADURAS

10 Níger (2010-2011)

11

DITADURAS REGIONAIS: Outra curiosidade é que também existem "golpes regionais", como o ocorrido no ano de 2014, em Abecásia, região autônoma da Geórgia, no Cáucaso, autodeclarada independente em 1992.

12 Mali (2012-2012) e Guiné-Bissau (2012-2014)

13 Egito (2013-atualidade)

14 Tailândia (2014-atualidade)

15 Burkina Fasso (2015-2015)

DITADURAS MILITARES AINDA VIGENTES: Em 2022 ainda há sete países com ditadura militar: Sudão, Myanmar, Mali, Chade, Guiné, Coreia do Norte e Burquina Fasso. Outros, como a China, também podem ser considerados nessa lista, mas seus regimes de algum modo são "mistos"...

16

17 Zimbabwe (2017-atualidade)

NÃO DEMOCRÁTICOS EM 2022: Atualmente, relatório da Freedom House considera que o mundo conta com 49 governos que não são democráticos, sendo 18 na África Subsaariana, 12 no Oriente Médio e Norte da África, oito na Ásia-Pacífico, sete na Eurásia, três nas Américas e apenas um na Europa.

18

19 Sudão (2019-2019)

EPÍLOGO

[SEM] COMISSÃO DA VERDADE

Fontes e Fé. História e Memória

Glória Roubada não é um volume de história. É um livro de memórias. Memórias acumuladas durante meio século. Lembranças que começaram a se amontoar sem a pretensão de um dia serem impressas. Ou sim. Memórias que, obviamente, integram-se à história — ou se desmembram dela —, mas que não perseguem o rigor cabal, biográfico ou cronológico da História com maiúscula. Até porque são memórias de fatos (ou lendas?) que o autor, simplesmente, deixou que sua alguma vez fértil psique catalogasse à vontade, sem um índice para procurá-las, agora, no pó da estrada percorrida. Poucas delas foram anotadas de forma adequada e em hora pontual, pois nunca houve o propósito de esconder a distorção que o tempo faz com tudo aquilo que vamos deixando para trás. Sim, é possível que muitas dessas reminiscências tenham sofrido alterações que apenas a verdade absoluta, essa que ninguém detém, poderia desmentir. Ou desmitificar (algumas delas se converteram em mito; mito esportivo, mito militar). Mas, se insiste, quem tem essa verdade? Onde ela está? Num quartel ou num gramado? Arrancada numa sala de tortura ou afogada num grito de gol? Ninguém sabe. O autor também não. Não existe uma Comissão para essas Verdades...

Glória Roubada é memória. Pura memória e memória pura. Por isso, não há uma bibliografia a consultar caso a caso, citação a citação. As fontes são as melhores, sim, porque são as da recordação original. E são exclusivas e tão certas quanto pífias. Bem dizia o escritor argentino Ernesto Sabato que "o passado se novela a si mesmo". Portanto, quando penso em "fontes pesquisadas", não procuro numa lista referencial para repassar e publicar, para colocar a serviço do leitor que queira saber mais. Só tenho a lista de minhas vozes. Das vozes que já escutei; das vozes dos narradores que me contaram o que pouco sabiam e, quiçá, mal guardavam. Assim sendo, estas páginas — todas elas — são uma questão de fé. Uma anamnese, diria um profissional da saúde, ou seja, um "exame subjetivo" de lembranças.

Nenhum ditador disse para seu subalterno: "Anote aí; ontem compramos tais e tais jogos, ameaçando de morte fulano". Não. Os ditadores, como amantes infiéis, guardam para si mesmos suas conquistas "mais íntimas". Não registram o que não se deve documentar. Mas, com o passar do calendário, numa noite de *pub* regada a *scotch*, ou no leito de morte, o segredo deixa de sê-lo. Culpa ou orgulho o fazem falar. O aventureiro, digamos, confidencia a um único amigo o que desejava calar. O amigo, claro, não consegue guardar o que não se pode saber e o passa adiante; a revelação se repete viralmente até que, num belo dia, a curta viagem do segredo já deu uma volta ao mundo completa; transformou-se numa história que mudou tantas vezes quantas foi narrada. Passados os anos, pouco há daquilo que realmente aconteceu, já mal preenchido no primeiro relato, o do "herói transnoitado" que abriu a boca quando da última bebida ou de seu último suspiro. Só ficou a essência, o pecado original. Não o detalhe, esse que o autor, décadas mais tarde, reconstrói com a versatilidade que a experiência lhe confere, com ofício de jornalista, com mil dúvidas pertinentes, com sapiência de velho, com a duvidosa certeza de pesquisador e com os riscos próprios dos tempos digitais que tornam certo o incerto. Sim, porque nas verificações a internet ajuda tanto quanto confunde: certifica uma idade, mas não encontra a alma das coisas, esse espírito que a tinta impregna nos livros e carimba nos atestados. Nem encontra a "verdade verdadeira", porque ela, tal qual sereia mitológica, ninguém abraça.

Na África ocidental, a dos Mandingas e os Wolof, são os *griots* que relatam a História como crônicas de vida, mantendo acesa a chama ancestral de cada tribo. Eles conservam a memória coletiva e a repassam de geração para geração. Transmitem o que conseguem extrair de sua memória analfabeta e de indisciplinada fidelidade. A tradição narra, por eles, o que se deve narrar, sem perceber que, cada vez que morre um *griot*, morre uma parte desses anais. E começa outra história quase igual, mas um tanto imperfeita. É uma involuntária e inesperada queima de arquivo e de verdades. Lamentável e parcial, mas... Aqui é parecido.

Na origem de *Glória Roubada*, o primeiro *griot* foi fruto do acaso. Longe do Mali e do Senegal. Era inverno de 1974, e o frio de zero grau, na metade da tarde, denunciava Buenos Aires, Argentina. Rua Arenales, ao lado do velho prédio da chancelaria argentina. Chique. Talvez quarto andar. Eu era jovem, mas era mentor de um pretendente a jornalista mais jovem ainda, e, por isso, o pai dele, de Roberto Glücksmann, agendou para me conhecer. Ficamos a sós toda uma tarde. Foi ele quem me contou a história, que eu ignorava, de um semita como ele, Matthias Sindelar. Fascinante. Tanto quanto Enrique Carlos Glücksmann, o pai de meu imberbe aluno, hoje um grande jornalista portenho e, também, meu entranhável amigo. Mas o pai foi além de Sindelar e do nazismo. Contou-me sua história familiar com tantas minúcias que nem sequer seus cinco filhos conheciam até então. Era assunto de família, mas fui eu que abri o baú daquelas lembranças por algum motivo silenciadas. Ah, ele também não sabia nada de futebol. Nada mesmo.

O avô de meu amigo, ou seja, o pai de meu primeiro *griot*, desse homem de bom tamanho e exagerada barba ruiva que conheci naquela rara e fria segunda-feira, foi Max Glücksmann, autêntico criador do *show business* no Cone Sul e amigo de Jules Rimet. Por esse motivo, foi ele quem filmou a primeira Copa do Mundo, em Montevidéu, em 1930. Rimet confiou-lhe essa missão de documentar o evento: dele são então as imagens que andam por aí do Mundial que iniciou tudo o que hoje nos fascina a cada quatro anos. Só isso já era, para mim, tema suficiente para mais tardes como aquela, de um único chá e muitas descobertas.

Judeu, Max Glücksmann nasceu Mordechai David Glücksmann. No cartório de Czernowitz (agora Chernivtsi, Bukovina, Ucrânia), no então velho e esplendoroso Império Austro-Húngaro, em 8 de março de 1875. Com 15 anos, emigrou para Buenos Aires, onde construiu uma carreira fantástica: foi ele que, junto com o francês Eugenio Py, levou o cinema para o Rio de la Plata – primeiro Argentina, Uruguai e Paraguai — e o divulgou no Pacífico mais tarde, principalmente no Chile e no Peru. Levantou as primeiras salas exibidoras, como a do antigo cine e teatro Grand Splendid, na avenida Santa Fe de Buenos Aires, onde hoje funciona uma das livrarias mais charmosas do planeta, a Ateneo, cartão-postal portenho. Ainda hoje, o frontispício desse edifício conserva as siglas do nome de Max Glücksmann, escritas em destacado alto-relevo. Em suas reiteradas viagens à Europa, fez amizade com os irmãos Lumière e Monsieur León Gaumont, que lhe apresentaram Jules Rimet, o presidente da FIFA.

Max Glücksmann não era apenas "o homem do cinema"; sua gravadora musical — a mais importante do rio Bravo ao Sul, no período, chamada Nacional-Odeón — tinha Carlos Gardel como estrela exclusiva. Era um visionário. Aparecia na lista da revista *Fortune* dos latino-americanos mais ricos. Seu filho, o progenitor de meu "pupilo", tradutor multilíngue de profissão, era de poucas palavras, mas naquela jornada só ele falou. Eu ouvi. Desde então, Matthias Sindelar e Max Glücksmann ficaram armazenados a sete chaves na minha memória. Que preservou outras histórias de Copas, de outras fontes, e outras lendas de ditadores, de livros e de outros *griots*. Pouco ficou no caderno de anotações e quase nada no antigo gravador Philco. Mas a memória continuou trabalhando até um convite da edição brasileira da prestigiosa revista *Rolling Stone* para escrever alguns capítulos, mensalmente, à espera do vigésimo Mundial, o de 2014. Logo os editores da Figurati quiseram que se transformasse em livro. Muito de tudo isso, atentamente escutado (e só Deus sabe se bem guardado), está nestas páginas que a Perfil reedita oito anos mais tarde. Adjetivado, aumentado, confirmado, constatado, enfeitado, sintetizado. Sim. Ou não. Porque a memória, como a história, trabalha a sós, independentemente de nós. E só ela conhece sua verdade, tanto quanto desconfia dela.

O Autor